인생이 즐거워지고 비즈니스가 풍요로워지는
디지털콘텐츠그룹 교육 소개

디지털콘텐츠그룹은 2010년 4월 'SNS소통연구소'로 출발하여, AI와 디지털 복지를 기반으로 한 뉴미디어 교육을 선도해왔습니다. 스마트폰 활용, SNS 마케팅, 유튜브 크리에이터, 프레젠테이션, 컴퓨터 활용 등 디지털 전환 시대에 발맞춘 다양한 교육을 꾸준히 운영하며 변화하는 미디어 환경에 능동적으로 대응하고 있습니다.

특히 AI 챗GPT 전문지도사, 디지털복지사, 노코딩 AI 데이터 분석 지도사 등 첨단 기술을 접목한 자격 과정과 전문 교육을 통해 지금까지 약 5,900여 명의 스마트폰 활용지도사를 양성하였으며, 이는 디지털 소외 없는 사회 실현을 위한 중요한 기반이 되고 있습니다.

현재는 전국 61개 지부 및 지국을 중심으로 지역사회에 밀착한 맞춤형 교육과 컨설팅을 활발히 진행하며, 지역 균형 발전과 디지털 역량 강화에 기여하고 있습니다.

- **스마트폰 활용지도사 2급 및 1급 자격증**
  스마트폰 기본 활용부터 스마트폰 UCC, 스마트폰 카메라, 스마트워크, 스마트폰 마케팅 교육 등 스마트폰 전문 강사를 양성하고 있습니다.

- **유튜브 크리에이터 전문지도사 2급 및 1급 자격증**
  유튜브 기본 활용부터 실전 유튜브 마케팅까지 실질적으로 도움이 되고 돈이 되는 교육을 실시하고 있습니다.

- **SNS마케팅 전문지도사 2급 및 1급 자격증**
  다양한 SNS채널을 활용해서 고객을 유혹하고 매출을 증대시킬 수 있는 실전 노하우와 SNS마케팅 효과를 극대화하기 위한 광고 전략을 구축할 수 있는 노하우에 대해서 교육을 진행 하고 있습니다.

- **디지털문해교육 전문지도사 2급 및 1급 자격증**
  초등학교부터 대기업 임원을 포함한 퇴직 예정자들까지 디지털 기술 활용에 대한 교육을 진행할 수 있도록 디지털문해교육 전문지도사가 교육하고 있습니다.

- **디지털범죄예방 전문지도사 2급 및 1급 자격증**
  4차 산업혁명시대! 디지털리터러시 시대에 청소년부터 성인들에게 이르기까지 각종 디지털범죄로 인해 입을 피해를 방지하고자 교육합니다.

- **AI 챗GPT 전문지도사 2급 및 1급 자격증**
  디지털 대전환시대에 누구나 배우고 익혀야 할 AI챗GPT 각 분야별 전문 강사를 양성하고 있습니다.

- **AI 활용 전문지도사 2급 및 1급 자격증**
  AI 교육 및 응용 지원, 데이터 분석과 AI 모델 개발을 목적으로 등급에 따라 기초부터 고급 AI 교육을 제공하며, AI 프로젝트의 설계와 관리, AI 윤리와 법률 관련 교육을 제공하고, 기업을 위한 AI 전략 기획 및 컨설팅을 수행합니다.

- **노코딩 AI 데이터분석 전문지도사 2급 및 1급 자격증**
  인공지능(AI)과 빅데이터의 핵심 개념과 기술을 토대로 데이터 리터러시 교육을 전문적으로 수행할 수 있는 지도자를 양성하고 데이터 분석 및 AI 기술의 활용 능력을 겸비한 전문가를 배출하여 다양한 교육 및 컨설팅 업무를 수행합니다.

교육 문의 Tel. 02-747-3265 / 010-9967-6654   이메일 : snsforyou@gmail.com

디지털콘텐츠그룹 주요 사업 콘텐츠

디지털 콘텐츠 및 마케팅 교육 (일반 교육 및 자격증 교육 포함)

- 스마트폰활용지도사
- SNS마케팅전문지도사
- 스마트워크전문지도사
- 유튜브크리에이터전문지도사
- 프리젠테이션전문지도사
- 컴퓨터활용전문지도사

- 디지털범죄예방전문지도사
- AI챗GPT활용전문지도사
- AI활용전문지도사
- 노코딩AI데이터분석전문지도사
- 디지털과의존예방전문지도사
- 액티브시니어AI리터러시전문가

※ 이 외 다양한 디지털 콘텐츠 분야 교육 가능

디지털콘텐츠그룹 지부 및 지국 활성화

- 2010년 4월부터 교육을 시작한 디지털콘텐츠그룹은 현재 전국에 62개의 지부 및 지국을 운영 중

스마트폰 활용지도사
(국내 최초! 국내 최고!)

- 2014년 10월 스마트폰 활용지도사 민간 자격증 취득
- 2급과 1급 과정을 운영 중이며 현재 5,900여 명 이상 지도사 양성

실전에 필요한 전문 교육
(다양한 분야 실전 교육 중심)

- 일반 강사들에게도 꼭 필요한 전문 교육을 실시함
  (SNS마케팅, 스마트워크, 프리젠테이션, AI 교육 등)

디지털콘텐츠그룹 출판사

- 2011년 11월부터 'SNS소통연구소'를 시작으로 출판사 운영
- 스마트폰 활용 및 SNS마케팅 관련된 책 60권 출판
- 강사들에게 필요한 다양한 분야의 책을 출간 진행 중

교육문의

(주)디지털콘텐츠그룹 (직통전화)
02-747-3265 / 010-9967-6654

국내 최초! 국내 최고!

스마트폰 강사 자격증

● **스마트폰 활용지도사 자격증에 대해서 아시나요?**
과학기술정보통신부가 검증하고 한국직업능력개발원이 관리하는 스마트폰 자격증 취득에 관심 있으신 분들은 살펴보세요.

상담 문의
이종구 010-9967-6654
E-mail : snsforyou@gmail.com
카톡 ID : snsforyou

스마트폰 활용지도사 1급

● **해당 등급의 직무내용**
초/중/고/대학생 및 성인 남녀노소 누구에게나 스마트폰 활용 및 SNS 기본 교육을 실시할 수 있습니다. 또한 개인이나 소기업이 브랜드 전략을 구축하는 데 필요한 모바일 마케팅 전략 수립 교육도 수행할 수 있으며, 특히 적은 비용으로 효과적인 브랜딩과 마케팅을 실현할 수 있는 실무 중심의 교육을 진행할 수 있습니다.

스마트폰 활용지도사 2급

● **해당 등급의 직무내용**
시니어 실버분들에게 스마트폰 활용교육을 실시할 수 있습니다. 개인 및 소기업이 모바일 마케팅 전략을 수립하는 데 필요한 기초 교육을 제공하며, 1인 기업이나 소기업이 스마트워크 시스템을 구축할 수 있도록 기초적인 제반 사항을 안내하고 교육할 수 있습니다.

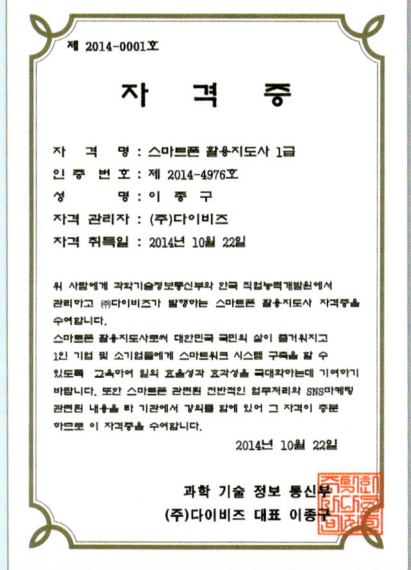

| 시험 응시료 : 3만원
| 자격증 발급비 : 7만원

● 종이 자격증 및 우단 케이스 제공
● 스마트폰 활용지도사 강의자료 제공비 포함

- **시험 일시** : 매월 둘째 주, 넷째 주 일요일 5시부터 6시까지 1시간
- **시험 과목** : 2급 – 스마트폰 활용 분야 / 1급 – 스마트폰 SNS마케팅
- **합격점수**
  1급 – 80점 이상(총 50문제 각 2점씩, 100점 만점에 80점 이상)
  2급 – 80점 이상(총 50문제 각 2점씩, 100점 만점에 80점 이상)

시험대비 공부방법
① 스마트폰 활용지도사 2급 교재 구입 후 공부하기
② 정규수업 참여해서 공부하기
③ 유튜브에서 [스마트폰 활용지도사] 채널 검색 후 관련 영상 시청하기

시험대비 교육일정
① 매월 정규 교육을 디지털콘텐츠그룹 전국 지부에서 실시하고 있습니다.
② 스마트폰 활용지도사 **디지털콘텐츠그룹 블로그** (blog.naver.com/urisesang71) 참고하기
③ 디지털콘텐츠그룹 사이트 참조(digitalcontentgroup.com)
④ NAVER 검색창에 **(디지털콘텐츠그룹)**라고 검색하세요!

스마트폰 활용지도사 자격증 취득 시 혜택
① 디지털콘텐츠평생교육원 스마트폰 활용 교육 강사 위촉
② 디지털콘텐츠그룹 스마트폰 활용 교육 강사 위촉
③ 스마트 소통 봉사단에서 교육받을 수 있는 자격부여
④ SNS 및 스마트폰 관련 자료 공유
⑤ 매월 1회 세미나 참여 (정보공유가 목적)
⑥ 향후 일정 수준에 도달하면 기업체 및 단체 출강 가능
⑦ 매년 상반기 하반기 전국 워크샵 참여 가능
⑧ 그 외 다양한 혜택 수여

디지털복지사, 사람과 기술을 잇다

한눈에 보는 디지털복지사 3급·2급·1급 완벽 정리

디지털복지사는 디지털 격차 해소와 정보 소외계층 지원을 위해 등장한 새로운 전문 직업입니다.
이 자격증은 3급(입문형), 2급(실무형), 1급(전문가형)으로 구성되어 있으며,
단계별로 교육 내용과 역할이 달라져 디지털 복지 전문가로 성장할 수 있도록 구성되어 있습니다.

1 디지털복지사 단계별 가이드

구분	대상	교육 내용 및 역량	진출 분야
3급 (입문형)	디지털 기기 사용이 익숙하지 않은 시니어, 복지관 활동가, 디지털 초보자	스마트폰·앱 기초, 인터넷 검색, 개인정보 보호, 디지털 문해력 향상	시니어 교육 초급 강사, 복지센터 실무자, 지역 봉사단
2급 (실무형)	평생교육·복지·지자체·기업 현장 실무자 및 강사	SNS 마케팅, 스마트워크, 교육 콘텐츠 제작, 디지털 범죄 예방	평생교육센터, 복지관, 기업 디지털 강사, 컨설팅
1급 (전문가형)	공공기관 교육운영자, 교육기획자, 정책입안자, 디지털 컨설턴트	AI·챗GPT 활용, 데이터 분석, 정책 설계, 고급 컨설팅	공공기관 위탁교육, 정책기획, 고급 컨설팅, 기업연수

- 각 급수는 실무 중심의 교육과 평가를 통해 현장에 즉시 투입 가능한 실전형 전문가를 양성합니다.
- 3급은 기초 역량, 2급은 실무 및 응용, 1급은 정책 설계와 고급 컨설팅까지 단계적으로 전문성을 강화합니다.

2 디지털복지사의 주요 역할과 역량

디지털 교육
취약계층 대상 맞춤형 디지털 역량 교육

디지털 지원
서비스 접근성과 생활기술 지원

세대 연결
세대 간 소통 및 소외감 해소

정책 제안
데이터 기반 정책 개발 및 제도 개선

3 디지털복지사와 전통 사회복지사의 차이

구분	디지털복지사	전통 사회복지사
핵심 초점	기술 기반 복지, 디지털 격차 해소 전문	종합적 생활지원, 상담, 자원 연계
교육/실습	디지털 기술·AI 실습 교육 및 데이터 분석 전문	상담·지원·서비스 연계 중심
활동 영역	공공·민간·기업 전방위 활동, 글로벌 확장 가능	복지관, 시설, 공공기관 등 제도권 중심
사회적 역할	세대 연결 강화, 디지털 포용성 증진	대인관계 중심, 전통적 복지서비스 제공

디지털복지사는 단순히 기술을 가르치는 것을 넘어, 기술과 사람을 연결하고, 정보 소외계층의 자립을 돕는 '테크 기반 복지 전문가'입니다. 반면, **사회복지사**는 심리·정서적 지원과 자원 연계에 더 중점을 둡니다.

4 미래 사회에서 디지털복지사의 중요성과 전망

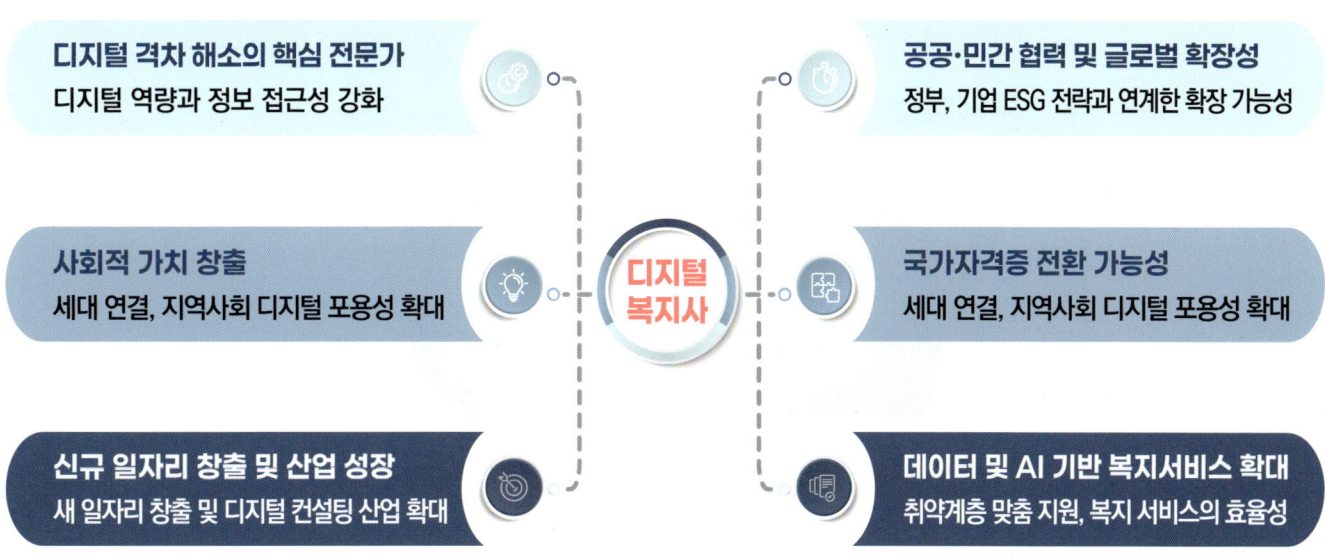

문의 (주)디지털콘텐츠그룹 | 서울시 종로구 대학로12길 63 | Tel. **02-747-3265**

민간자격 등록번호: 제 2025-003089호

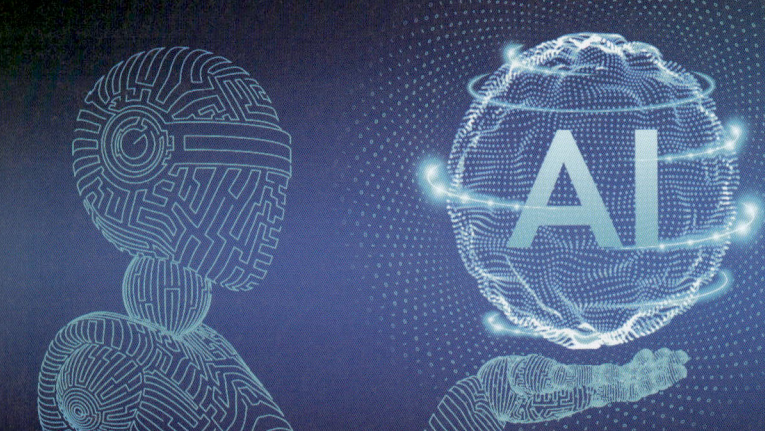

Ai 챗GPT 전문지도사

2급 / 1급

Ai 챗GPT 전문지도사 시험
매월 첫째, 셋째 일요일
오후 5시~6시까지

Ai 챗GPT 전문지도사가
일의 효율성과 효과성을 극대화 시키는데
도움을 드릴 수 있습니다!

Ai 챗GPT 전문지도사 2급 및 1급

- ☑ **자격의 종류 :** 등록 민간자격
- ☑ **등록번호 :** 560-86-03177
- ☑ **자격 발급 기관 :** (주)디지털콘텐츠그룹
- ☑ **총 비용 :** 100,000원
- ☑ **환불 규정**
    - • 접수 마감 전까지 100% 환불 가능(시험일자 기준 7일전)
    - • 검정 당일 취소 시 30% 공제 후 환불 가능

 **시험 문의**
(주)디지털콘텐츠그룹 (Tel. 02-747-3265)

디지털콘텐츠그룹
자격증 교육 교재 리스트

**부모님을 위한 스마트폰 교과서
(2025 개정판)**
60+세대를 위한 가이드북

**어르신들을 위한 스마트폰 기초 교실
(2025 개정증보판)**
스마트폰 기초부터 기본 UCC 활용 책

**디지털 대전환 시대에 꼭 필요한 디지털
문해 교육의 정석(定石)**
디지털문해교육 전문지도사 1급 교재

스마트폰 하나면 나도 사진작가다
스마트폰 카메라 기초부터 활용까지

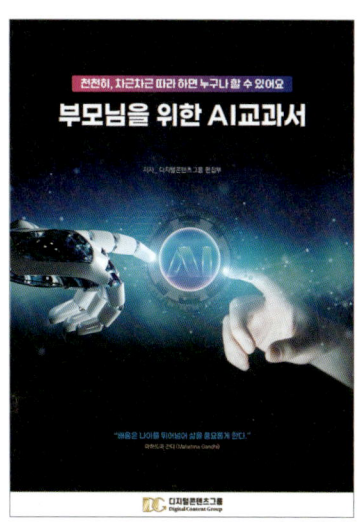

부모님을 위한 AI교과서
초보자를 위한 AI 입문서

**스마트폰 하나면
나도 유튜브 크리에이터다**
유튜브크리에이터전문지도사 2급 교재

디지털콘텐츠그룹
(2025년도 7월 기준) 출판 리스트 60권

   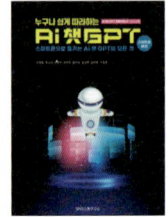  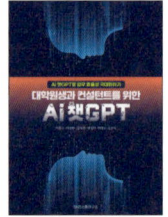 

디지털콘텐츠그룹
전국 지부 및 지국

서울 (지부장-이종구)
- 강남구 (지국장-최영하)
- 강동구 (지국장-윤진숙)
- 강북구 (지국장-백세균)
- 강서구 (지국장-문정임)
- 관악구 (지국장-손희주)
- 광진구 (지국장-최혁희)
- 금천구 (지국장-김명선)
- 동대문구 (지국장-조재일)
- 동작구 (지국장-최상국)
- 영등포구 (지국장-김은정)
- 마포구 (지국장-김용금)
- 서초구 (지국장-조유진)
- 송파구 (지국장-문윤영)
- 양천구 (지국장-송지열)
- 중구 (지국장-유화순)
- 종로구 (지국장-조선아)

경기북부 (지부장-이종구)
- 의정부 (지국장-한경희)
- 양주시 (지국장-오지성)
- 동두천/포천 (지국장-김상기)
- 구리 (지국장-김용희)
- 남양주시 (지국장-정덕모)
- 고양시 (지국장-백종우)

경기동부 (지부장-이종구)
- 성남시 (지국장-김지태)

경기서부 (지부장-이종구)
- 시흥시 (지국장-윤정인)
- 부천시 (지국장-김남심)
- 안산시 (지국장-권택현)

경기남부 (지부장-이종구)
- 수원 (지국장-권미용)
- 이천/여주 (지국장-김찬곤)
- 평택시 (지국장-임계선)
- 화성시 (지국장-한금화)

강원도 (지부장-장해영)
- 강릉시 (지국장-임선강)

인천광역시 (지부장-이종구)
- 서구 (지국장-어현경)
- 부평구 (지국장-최신만)
- 중구 (지국장-조미영)
- 계양구 (지국장-전혜정)
- 연수구 (지국장-조예윤)

충청북도 (지부장-김은경)

충청남도 (지부장-이종구)
- 청양/아산 (지국장-김경태)
- 금산/논산 (지국장-부성아)
- 천안시 (지국장-김숙)
- 홍성/예산 (지국장-김월선)

대구광역시 (지부장-임진영)

대전광역시 (지부장-유정화)
- 중구/유성구 (지국장-조대연)

경상북도 (지부장-남호정)
- 고령군 (지국장-김은숙)
- 경주 (지국장-박은숙)

광주광역시 (지부장-이종구)
- 북구 (지국장-김인숙)

울산광역시 (지부장-김상덕)
- 동구 (지국장-김상수)
- 남구 (지국장-박인완)
- 중구 (지국장-장동희)
- 북구 (지국장-이성일)

부산광역시 (지부장-손미연)
- 사상구 (지국장-박소순)
- 해운대구 (지국장-배재기)
- 기장군 (지국장-배재기)
- 연제구 (지국장-조환철)
- 부산진구 (지국장-김채완)
- 북구 (지국장-황연주)

제주도 (지부장-여원식)

Contents

음성으로 문자 메시지 보내기

1. 카카오톡에서 음성으로 텍스트 메시지 보내기 ①　　　　　　12
2. 카카오톡에서 음성으로 메시지 보내기 ②　　　　　　　　13
3. 음성 아이콘 찾아보기　　　　　　　　　　　　　　　　　15

스마트폰 저장공간 관리하기

1. 카카오톡 설정에서 저장공간 확보하기　　　　　　　　　16
2. 위젯을 활용한 저장 공간 확보하기　　　　　　　　　　　18
3. 스마트폰 기기 최적화 하기　　　　　　　　　　　　　　19
4. 구글 플레이스토어 앱 관리에서 저장공간 확보하기　　　20

PC에서 음성으로 텍스트 입력하기

1. 구글 닥스 활용하여 음성으로 입력하기　　　　　　　　　22
2. 메모장 활용하여 음성으로 문자 입력하기 (Window 11 버전 기준)　24
3. 한글(hwp) 활용하여 음성으로 입력하기　　　　　　　　　26

크롬브라우저 제대로 활용하기

● 구글 번역(Google Translate)

　① 이미지로 번역하기 - 파일 탐색 사용　　　　　　　　　28
　② 문서 번역하기　　　　　　　　　　　　　　　　　　　29

확장프로그램 활용하기

● AdBlock(Advertisement + Block)

　① 신문기사 광고 없이 보기　　　　　　　　　　　　　　33
　② 유튜브 광고없이 보기　　　　　　　　　　　　　　　　36
　③ Drag Free - 우클릭 잠금 해제　　　　　　　　　　　　38

각 주제별 우측 상단에 **QR코드**가 있습니다.
QR코드를 스캔하시면 해당 주제의 강의를 시청할 수 있습니다.

AI 제대로 활용하기

● ChatGPT

1. AI 쉽게 이해하기	48
2. AI 장점과 단점, 유료와 무료 차이	49

AI 챗GPT를 제대로 활용하는 실전 프롬프트 작성법

● 로·고·타·루·톤 구조로 쉽게 배우는 챗GPT 명령어 전략

1. '프롬프트'는 왜 중요한가?	51
2. 프롬프트의 5요소 : 로·고·타·루·톤	51
3. 과학적으로 검증된 기법과 '로고타루톤'의 결합	52
4. 실제 효과 : 연구로 증명된 프롬프트 기법들	53
5. 감정 프롬프트를 활용하라	54
6. 예시로 배우는 실전 프롬프트 작성	54
7. 결론 : 질문이 곧 실력이다	55

● AI 챗GPT 고급음성 시작하기 … 56

● Gemini (제미나이)

1. Gemini 설치하기	59
2. Gemini 설정하기	60
3. 카메라 사용/문자로 질문하기	61
4. 갤러리 사진/음성으로 질문하기	62
5. 라이브로 Gemini와 대화하기	63
6. Gems(젬스) 기능 사용하기	64

릴리스(Lilys) - 유튜브 및 사이트 요약하기 … 65

AI 추천 사이트 … 67

음성으로 문자 메시지 보내기

1 카카오톡에서 음성으로 텍스트 메시지 보내기 ①

 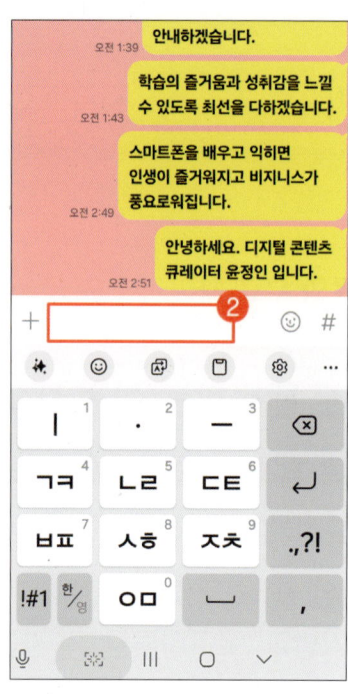 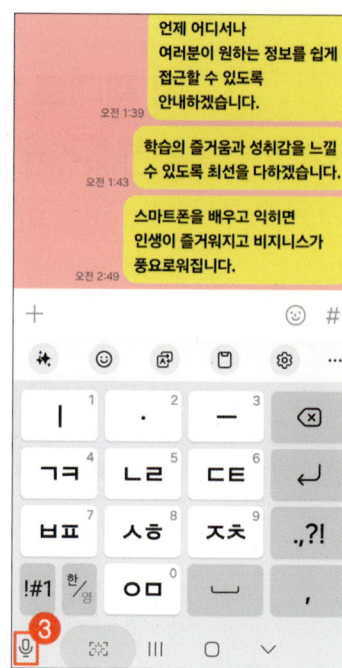

1 ① 카카오톡 하단 [채팅]을 누른 후 대화 상대를 선택합니다.
2 ② 채팅 대화방 아래쪽의 [입력란]을 터치합니다.
3 ③ 키보드 하단의 [마이크]를 터치합니다.

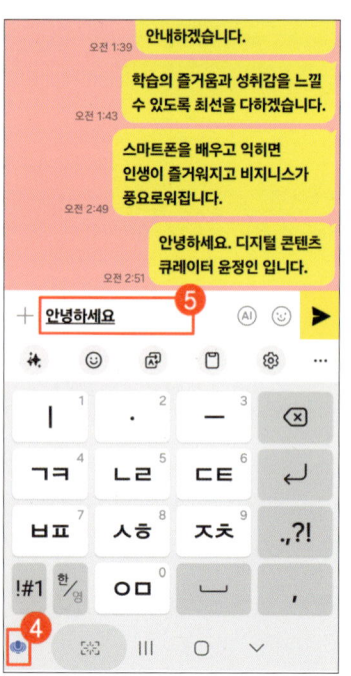  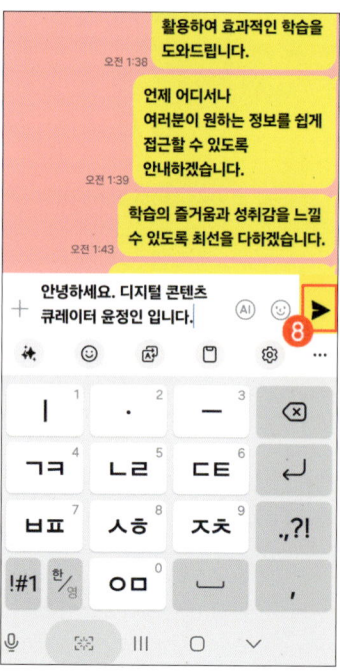

1 ④ [마이크]가 파랗게 활성화될 때 보내고 싶은 메시지를 말합니다. ⑤ 음성이 정확하지 않으면 오타가 있을 수 있습니다. **2** ⑥ 오타가 있는 곳을 터치하고 ⑦ [내용]을 수정합니다.
3 ⑧ 메시지 내용을 확인 후 [보내기]를 터치합니다.

2 카카오톡에서 음성으로 메시지 보내기 ❷

  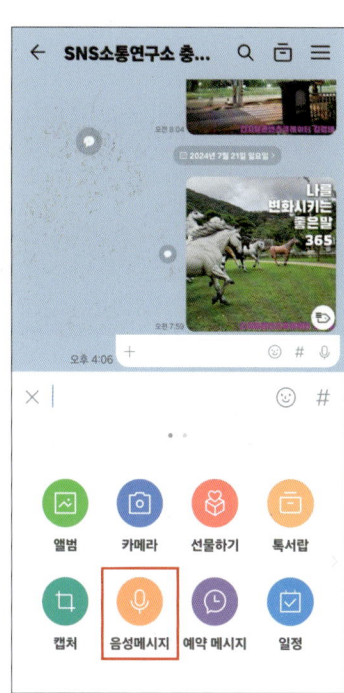

① 대화창에서 좌측 [+] 표시를 터치합니다. ② 여러 가지 아이콘이 나타나는 걸 볼 수 있는데 이 화면에서 [음성메시지]가 보이지 않으면 우측 꺾쇠 표시 [〉]를 터치합니다.
③ [음성메시지] 아이콘을 터치합니다.

① [녹음버튼 : 동그라미]을 터치하면 음성메시지 창이 열립니다. ② [간편녹음 버튼 사용]을 터치해서 활성화하면 ③ 채팅창 하단의 + 표시 우측에 간편녹음 버튼 아이콘이 생겨 음성메시지를 간편하게 보낼 수 있습니다.
② 음성녹음 후 [녹음종료 : 네모]를 터치 하고 ③ [보내기] 버튼을 터치합니다.

음성으로 문자 메시지 보내기

1 [**새로고침 : 동그란 화살표**] 버튼을 터치하여 새 메시지를 녹음할 수 있습니다.

2 음성메시지가 전송된 것을 확인 할 수 있습니다. 마이크 모양은 [**간편녹음**] 활성화 된 모양입니다.

3 음성 아이콘 찾아보기

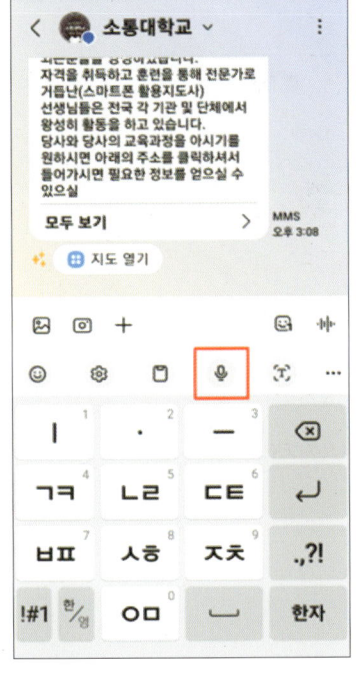

1️⃣ 삼성 One UI 5.1버전은 자판 막대바위에 [음성 아이콘]이 보입니다. 2️⃣ 삼성 One UI 6.1버전은 자판 좌측하단에 보입니다. 만약에 마이크가 안보이고 [키보드 자판]처럼 보이는 아이콘이 보일 경우, 꾹 누르게 되면 [키보드 버튼 변경] 메뉴가 보여지는데 [음성 입력]을 선택해서 사용하시면 됩니다.
3️⃣ LG 스마트폰의 경우 우측 하단에 [설정(톱니바퀴 아이콘)]을 꾹 누르면 마이크가 보여집니다.

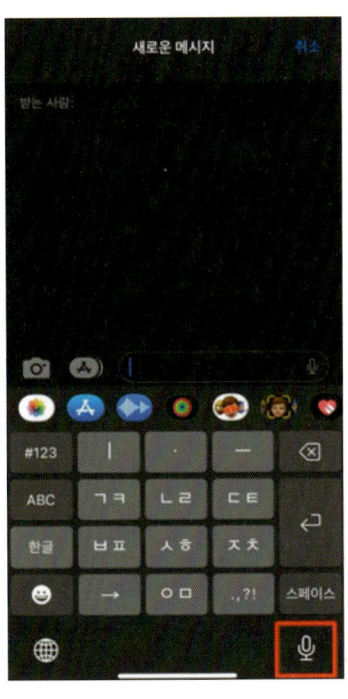
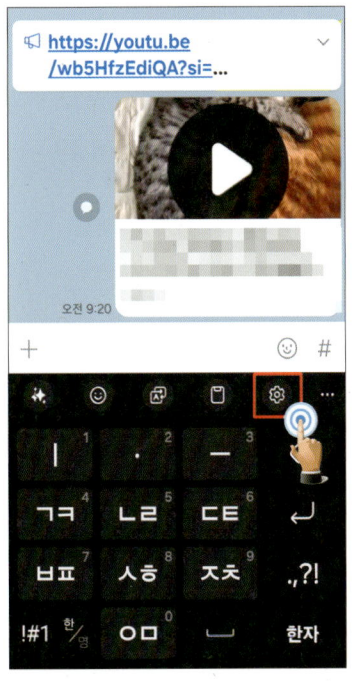
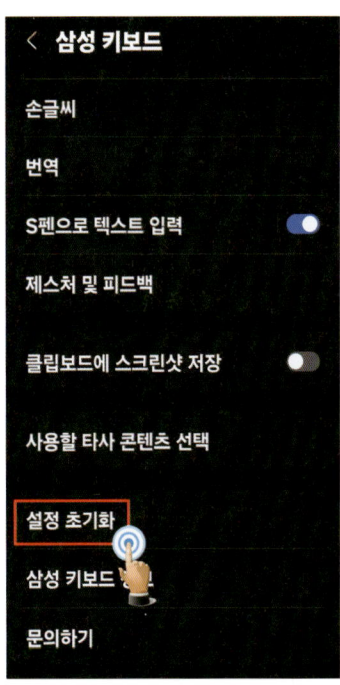

1️⃣ 아이폰의 경우 좌측 하단에 마이크가 보여집니다. 2️⃣ 삼성 스마트폰을 사용하는 분들중에 마이크가 간혹 안보이는 경우가 있는데 마이크를 보이게 하려면 자판 막대바 위에 [설정(톱니바퀴)]를 꾹 누릅니다.
3️⃣ 삼성 키보드 설정화면 하단에 [설정 초기화]를 꾹 눌러서 [키보드 설정 초기화] 메뉴를 터치해서 초기화 하시면 마이크가 보이게 됩니다.

스마트폰 저장공간 관리하기

스마트폰 저장공간 관리하기

1 카카오톡 설정에서 저장공간 확보하기

1 카카오톡 채팅 화면 우측 상단 ① [설정(톱니바퀴 아이콘)]을 터치한 후 ② [전체 설정]을 터치합니다.

2 ① 카카오톡 설정 화면이 보이고 맨 하단에 ② [앱 관리]를 터치합니다.

3 앱 관리 화면이 보이고 [저장 공간 관리]를 터치합니다.

 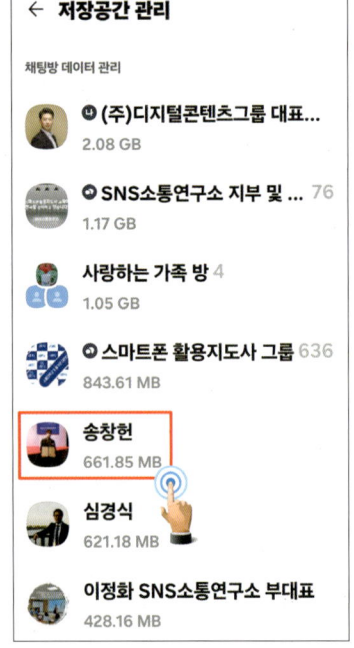 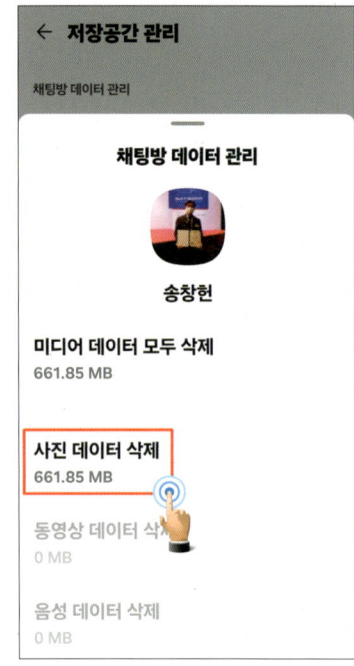

1 [미디어 데이터 모두 삭제]를 터치하면 카카오톡에서 주고 받은 파일들을 한번에 모두 삭제할 수 있지만 다운로드 받지 않은 이미지 및 동영상 데이터는 2-3개월 이전 항목은 보이지 않을 수 있습니다.

2 데이터 삭제를 위해 채팅방 1개를 선택합니다. **3** [사진 데이터 삭제]를 터치하면 데이터를 한번에 모두 삭제할 수 있습니다. 중요한 데이터는 미리 다운로드 받아 놓는 것이 좋습니다.

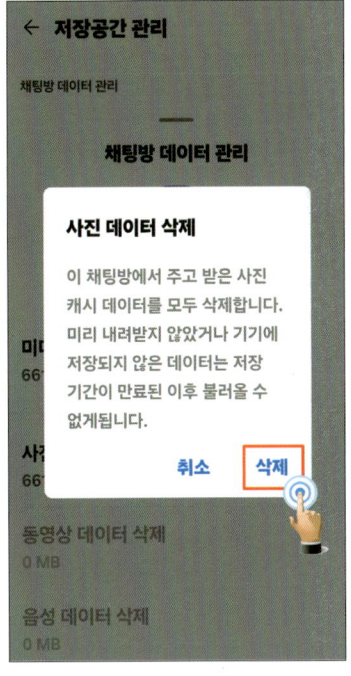  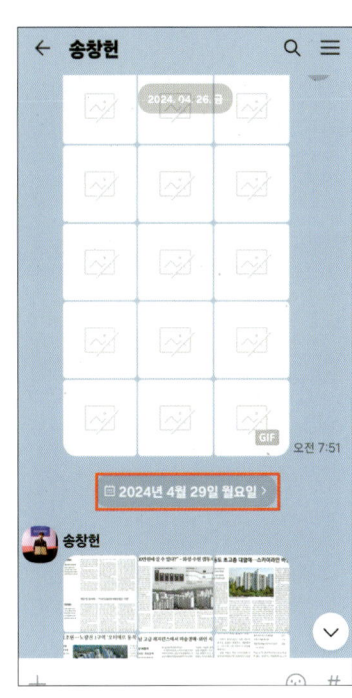

❶ 사진 데이터 삭제를 선택하시면 바로 삭제가 되는데 데이터 저장 기간은 카카오톡 고객센터에서 확인하면 [임시 저장 기간은 시스템의 부하와 성능을 고려하여 수시로 변경되기 때문에 정확한 안내가 어렵다고 합니다.] ❷ 채팅방에서 개별적으로 데이터를 삭제할 수 있습니다. ❸ 데이터 삭제를 하게 되면 2-3개월 전 데이터는 보이지 않습니다.

 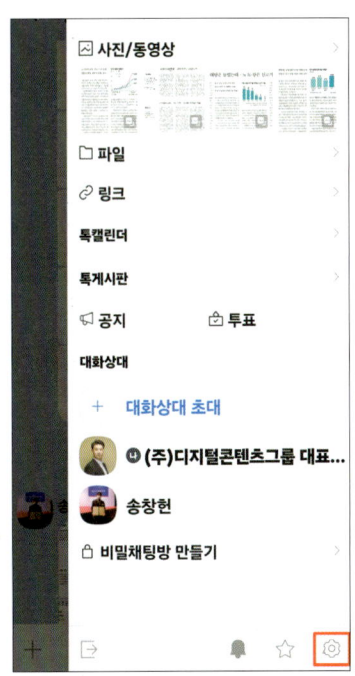 

❶ 채팅방 우측 상단에 [3선 아이콘]을 터치합니다. ❷ 우측 하단에 [설정(톱니바퀴 아이콘)]을 터치합니다.
❸ 채팅방 설정 메뉴 하단에 [채팅방 데이터 관리] 메뉴를 터치하시면 채팅방에서 상대방과 주고받은 이미지, 동영상, 음성 파일 데이터를 삭제할 수 있습니다. 앞에서도 언급했지만 중요한 데이터는 미리 다 운로드 받아 놓는 것이 좋습니다.

스마트폰 저장공간 관리하기

2 위젯을 활용한 저장 공간 확보하기

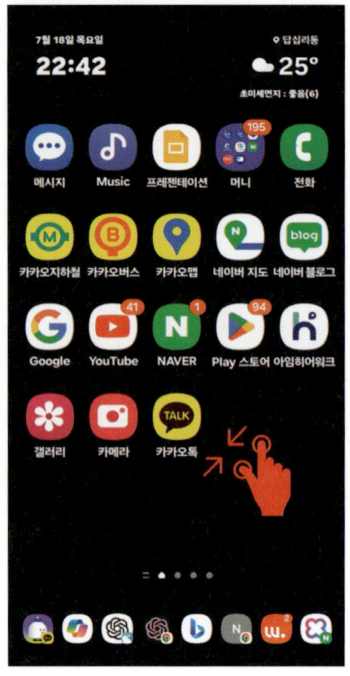 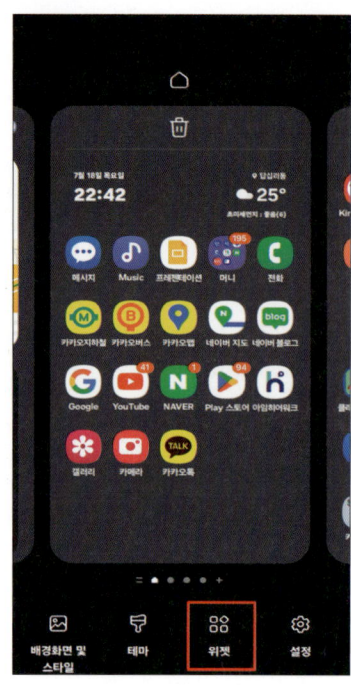 

1 [홈화면] 빈 곳을 길게 누르거나, 화면을 꼬집어 줍니다.
2 하단 [위젯]을 터치합니다. 3 [디바이스 케어]를 터치합니다.

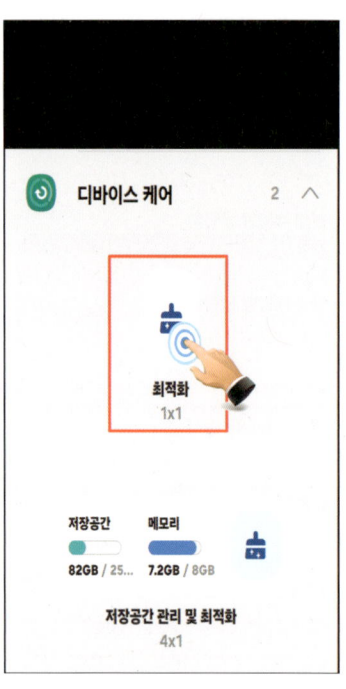 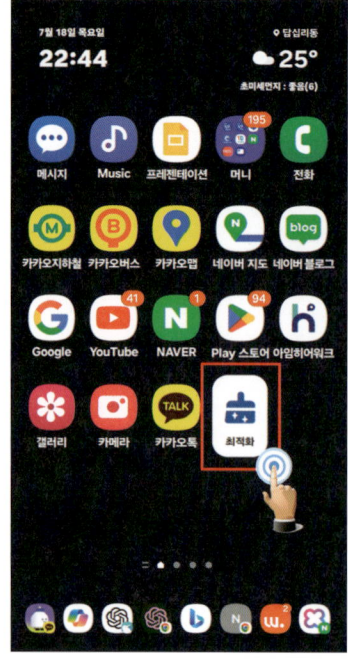 

1 [디바이스 케어]에서 [최적화 1x1], [저장 공간 관리 및 최적화 4x1] 2개의 종류 중 [최적화 1x1]을 손가락으로 길게 누르면 홈 화면에 설치됩니다.
2 홈 화면에 설치된 [최적화]를 길게 눌러줍니다.
3 최적화 [설정]을 터치합니다.

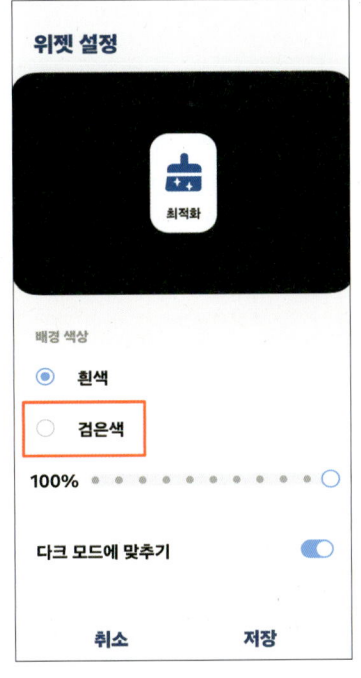  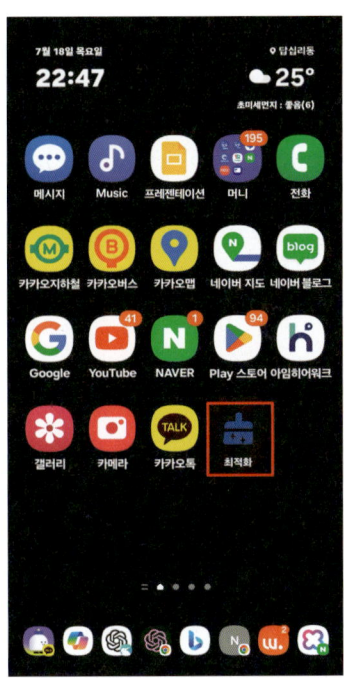

1️⃣ [설정]에서 위젯 바탕색을 흰색에서 검은색으로 바꿉니다. 2️⃣ [설정]에서 위젯 바탕색을 검은색으로 터치하고 [저장]합니다. 3️⃣ ① [최적화] 위젯을 터치합니다. ② [휴대전화를 최적화했습니다]

3 스마트폰 기기 최적화 하기

 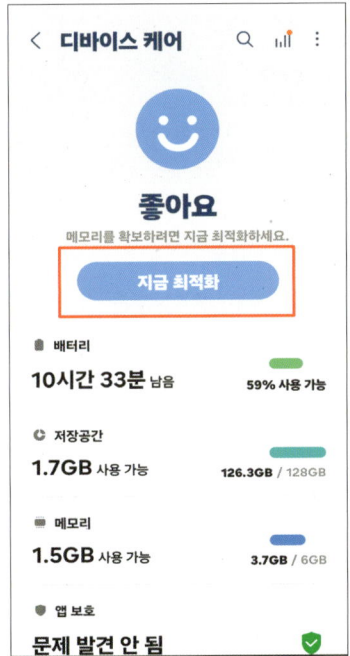 

1️⃣ 홈화면의 [알림줄] – [설정]을 터치 ① 설정이 나오면 ② [디바이스 케어]를 터치합니다.
2️⃣ 스마트폰을 최적화하기 위해 [지금 최적화]를 터치합니다.
3️⃣ 최적화 작업이 끝나면 [완료]를 터치합니다.

스마트폰 저장공간 관리하기

4 구글 플레이스토어 앱 관리에서 저장공간 확보하기

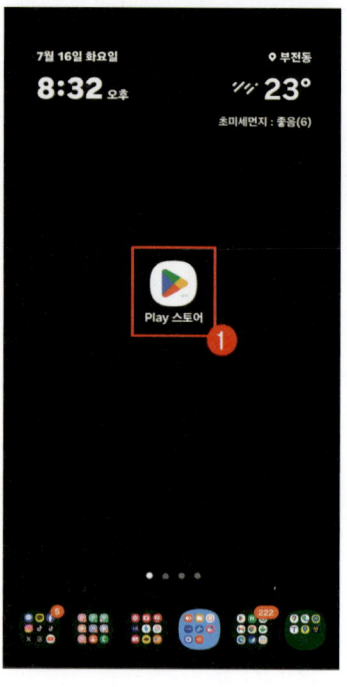

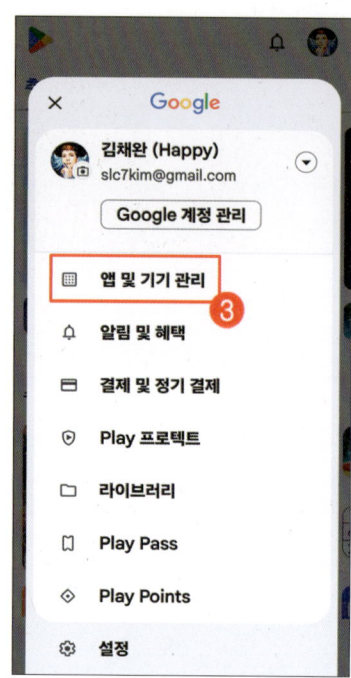

1 ① [Play스토어] 앱을 터치합니다.
2 ② 우측 상단 [프로필]을 터치합니다.
3 ③ [앱 및 기기 관리]를 터치합니다.

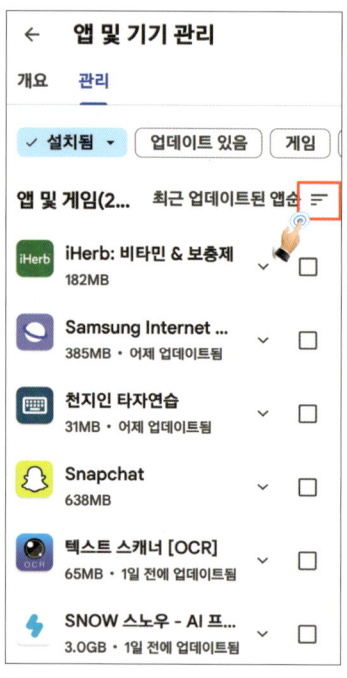
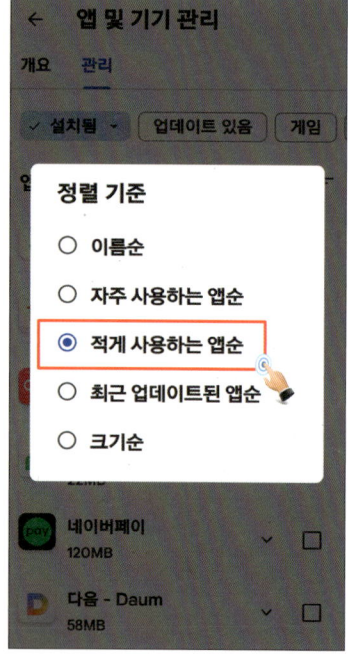
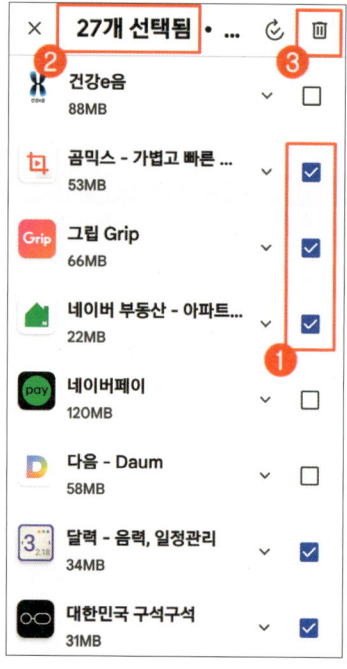

1 관리 탭 에서 [삼선]을 터치합니다. 2 정렬 기준에서 [적게 사용하는 앱순]을 선택합니다.
3 ① 사용하지 않는 앱들을 선택[✓] 체크합니다. ② 삭제할 앱 이 27개 선택되었습니다.
  ③ 우측 상단에 있는 [휴지통]을 터치합니다.

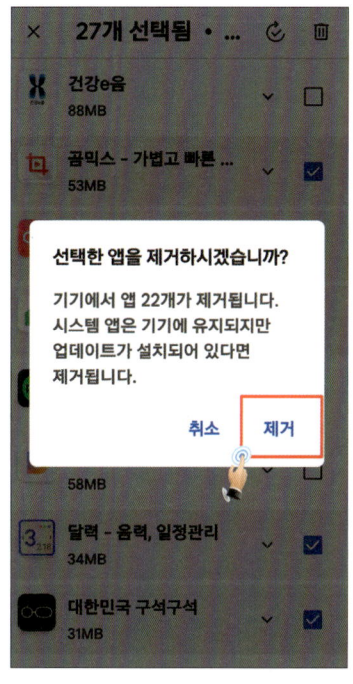
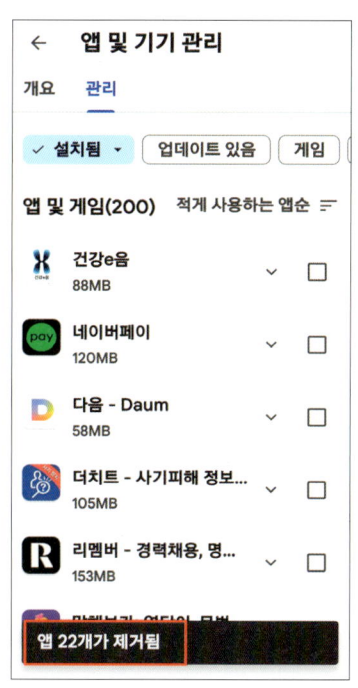

> **⊕Tip**
>
> 앱을 삭제하거나 사용 중지한 경우, 휴대 전화에서 다시 추가할 수 있습니다.
> 플레이스토어 우측 상단 [프로필] 〉[앱 및 기기 관리] 〉 관리 탭에서 '설치됨' 옆에 목록 단추 [▼] 터치 〉 [설치되지 않음] 터치 〉 설치할 앱 체크 [✓] 합니다. 〉 상단에 다운로드 [⬇]를 터치하면 앱이 다시 설치됩니다.

1 [선택한 앱을 제거하시겠습니까?]에서 [제거]를 터치합니다.

2 [앱 22개가 제거됨]으로써 저장 공간이 확보되었습니다.

1 ① [Play스토어]를 터치합니다. ② 앱 정보[ⓘ]를 터치합니다.

2 [저장 공간]을 터치합니다.

3 [캐시 삭제]를 터치합니다.

PC에서 음성으로 텍스트 입력하기

PC에서 음성으로 텍스트 입력하기

1 구글 닥스 활용하여 음성으로 입력하기

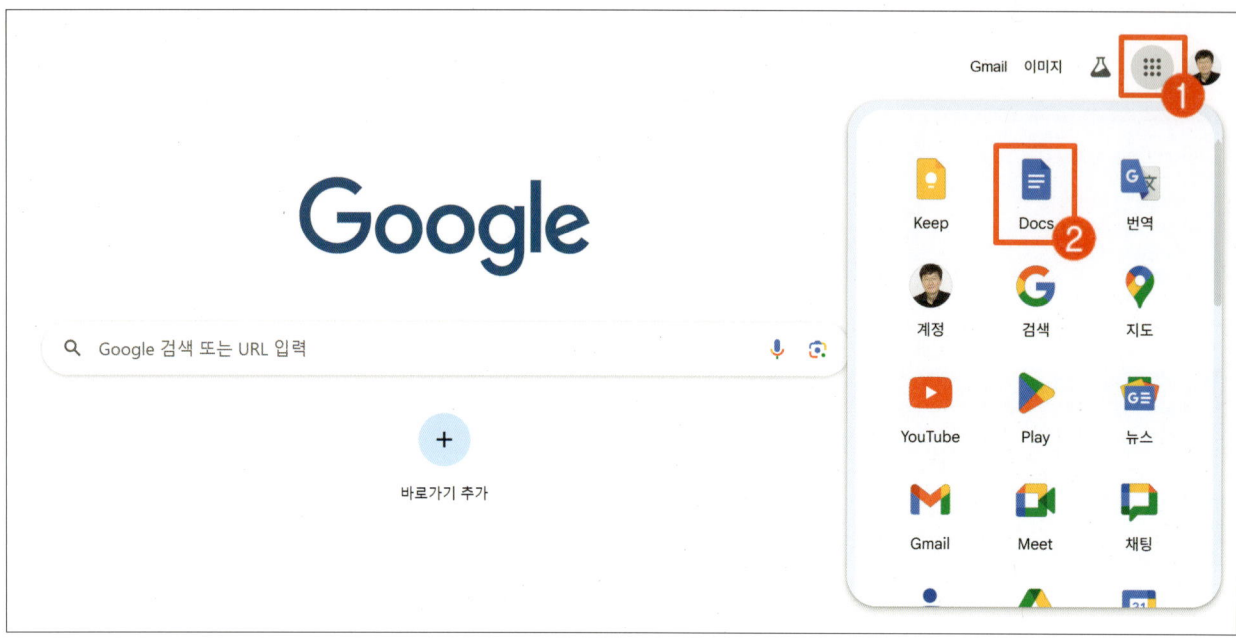

① [구글 홈페이지] 메인 화면 오른쪽 위를 보면 점 9개가 모여 있는 [네모 아이콘]이 있습니다. 이 아이콘을 클릭하면 여러 가지 구글 서비스가 나옵니다.

② 메뉴가 열리면 파란색 문서 모양 아이콘과 함께 [Docs]라는 항목이 보입니다. 이 아이콘을 클릭하면 구글 닥스가 열립니다.

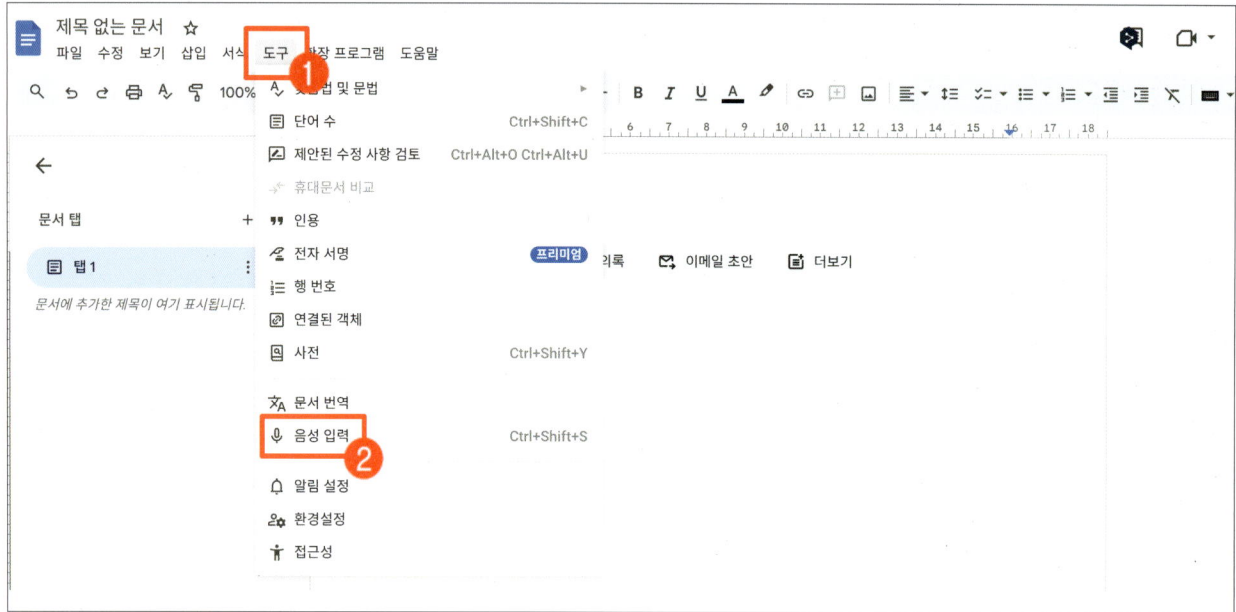

① 구글 닥스 화면 상단에 있는 메뉴에서 [도구]를 클릭합니다.

② [도구]메뉴를 누르면 여러 항목이 나타납니다. 이 중에서 마이크 아이콘이 있는 [음성입력]을 클릭합니다.

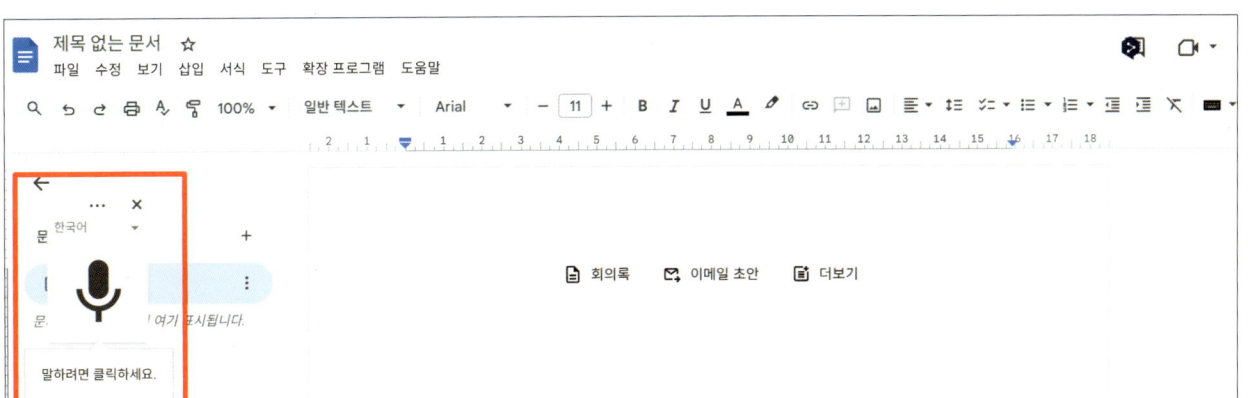

이제 음성으로 글을 입력해 보겠습니다.

왼쪽에 보이는 작은 창에는 마이크 그림이 크게 보입니다. 그 아래에는 [말하려면 클릭하세요]라는 안내 문구가 있습니다.

이 창이 나타났다는 것은, 컴퓨터가 지금 사용자의 말을 들을 준비가 됐다는 뜻입니다.

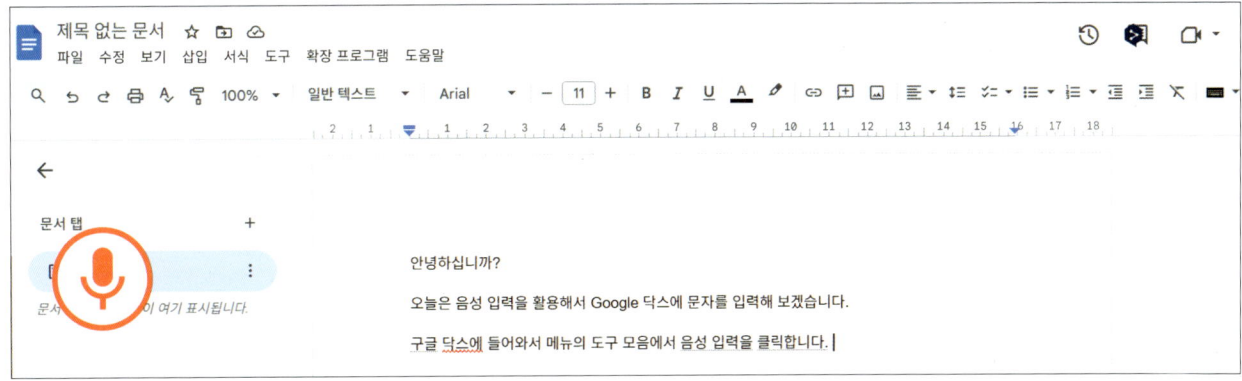

마이크 아이콘을 클릭하면 빨간색으로 바뀌고, 말한 내용이 자동으로 문서에 입력됩니다.

말이 끝나면 다시 클릭해서 꺼야 다른 소리가 안 들어갑니다.

[음성 입력 팁]

● 또박또박 말할수록 잘 인식됩니다.

● 쉼표, 마침표 같은 기호는 말로 직접 말해야 입력됩니다.
　예: "마침표"라고 말하면 [.]으로 입력됩니다.

[마이크 입력이 안 될 때 확인할 점]

● 설정에서 마이크 사용을 허용했는지 확인하세요.
　– 화면 상단 [점 3개] 아이콘을 클릭하여 [설정]에 들어갈 수 있습니다.
　– [사이트 설정]을 클릭하여 들어가면 마이크 사용 허용 확인 할 수 있습니다.

● 마이크가 컴퓨터에 제대로 연결됐는지도 확인합니다.

PC에서 음성으로 텍스트 입력하기

2 메모장 활용하여 음성으로 문자 입력하기 (Window 11 버전 기준)

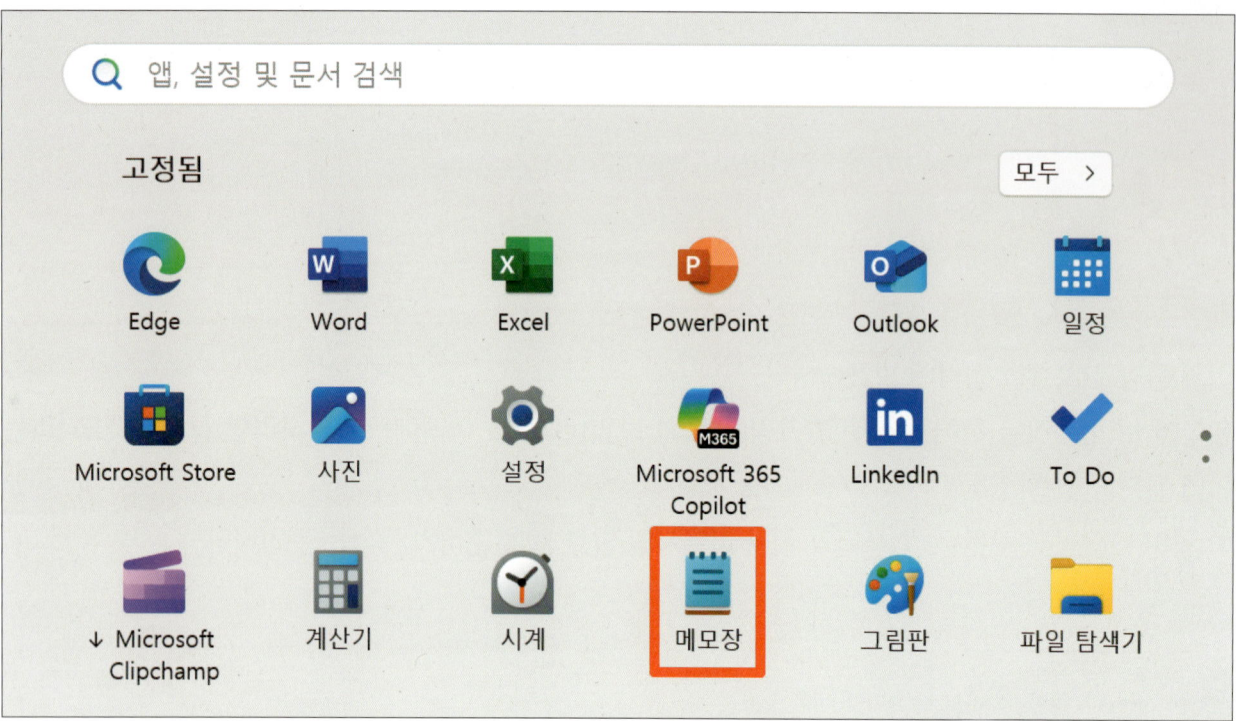

메모장 활용하여 문자를 입력하기 위해서는 윈도우 화면 왼쪽 아래에 있는 [시작 버튼( )]을 클릭하세요. 열리는 메뉴에서 [메모장] 아이콘을 찾아 한 번만 클릭해 주세요. 그러면 흰 바탕의 빈 메모장 화면이 나타납니다.

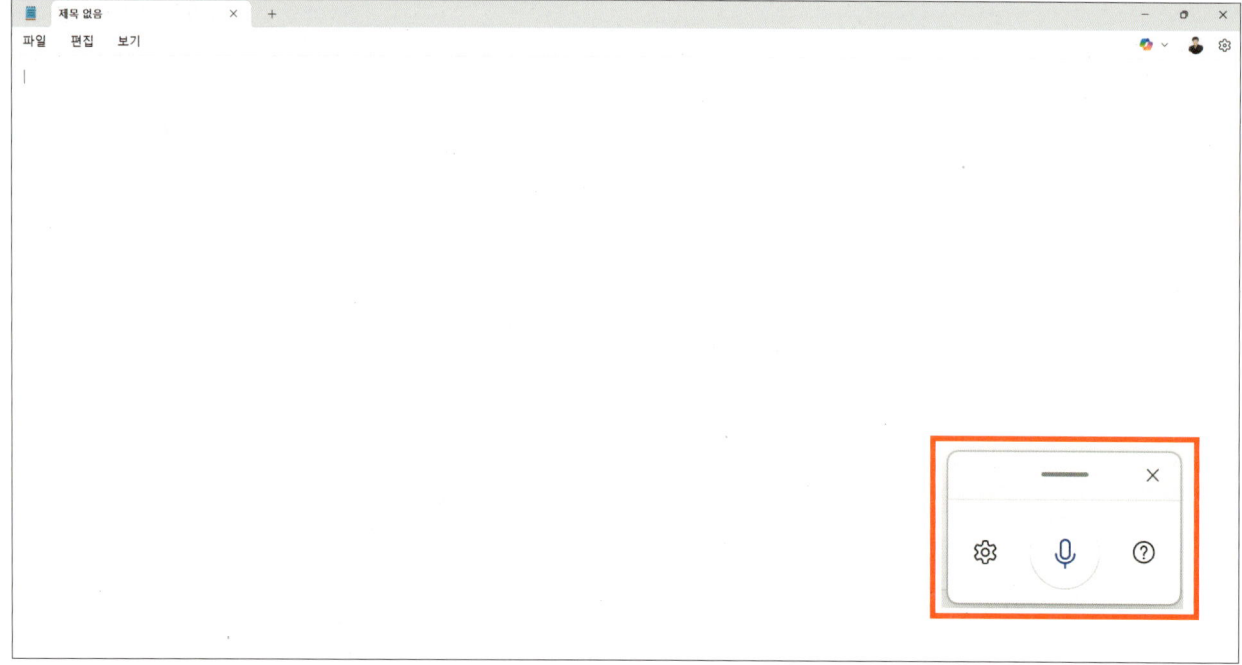

위 이미지는 메모장 실행 중 [Windows 키 + H]를 눌렀을 때 나타나는 화면입니다.
화면 오른쪽 또는 왼쪽에 나타나는 작은 창은 음성 입력 인터페이스로, 마이크 아이콘을 클릭하거나 단축키를 누르면 음성을 텍스트로 변환하여 입력할 수 있습니다.

음성 입력 기능을 활용하면 키보드 없이도 손쉽게 문서를 작성할 수 있습니다.

위 화면은 사용자가 음성으로 텍스트를 입력하는 장면을 보여줍니다. 하단 오른쪽에 표시된 음성 입력 창에는 [듣는 중...]이라는 메시지와 함께 파란색 마이크 아이콘이 활성화되어 있으며, 이는 시스템이 사용자의 말을 실시간으로 인식하고 있다는 의미입니다.

음성 입력을 중지하고자 할 때는 파란색 마이크 버튼을 클릭하면 됩니다. 다시 음성 입력을 시작하려면 마이크 버튼을 다시 누르거나, 지정된 단축키(Windows + H)를 사용하면 됩니다.

설정 아이콘(톱니바퀴)을 통해 인식 언어 및 기능을 조정할 수 있으며, 도움말 버튼(물음표)을 통해 사용법을 자세히 확인할 수 있습니다.

[Windows 10 vs 11 음성 입력 차이]

- 두 버전 모두 [Windows 키 + H] 단축키로 음성 입력을 시작할 수 있습니다.
- 윈도우 11은 Azure 기반 온라인 음성 인식을 사용해 더 정확하고 빠릅니다.
- 윈도우 10은 기본 음성 인식 기능을 사용하며, 기능 업데이트가 상대적으로 적습니다.
- 인터넷 연결이 필수라는 점은 두 버전 모두 동일합니다.
- 윈도우 11은 텍스트 편집 명령(예: "단어 삭제") 등을 더 유연하게 지원합니다.
- 음성 명령 종류와 정교함은 윈도우 11이 더 다양하고 정확합니다.
- 윈도우 10은 음성 명령이 비교적 제한적이고 영어 중심입니다.
- 두 버전 모두 터치 키보드의 마이크 버튼을 통해서도 입력을 시작할 수 있습니다.
- 문장 부호와 기호 입력, 대소문자 설정 등 고급 기능은 윈도우 11에서 좀 더 자연스럽게 작동합니다.

PC에서 음성으로 텍스트 입력하기

3 한글(hwp) 활용하여 음성으로 입력하기

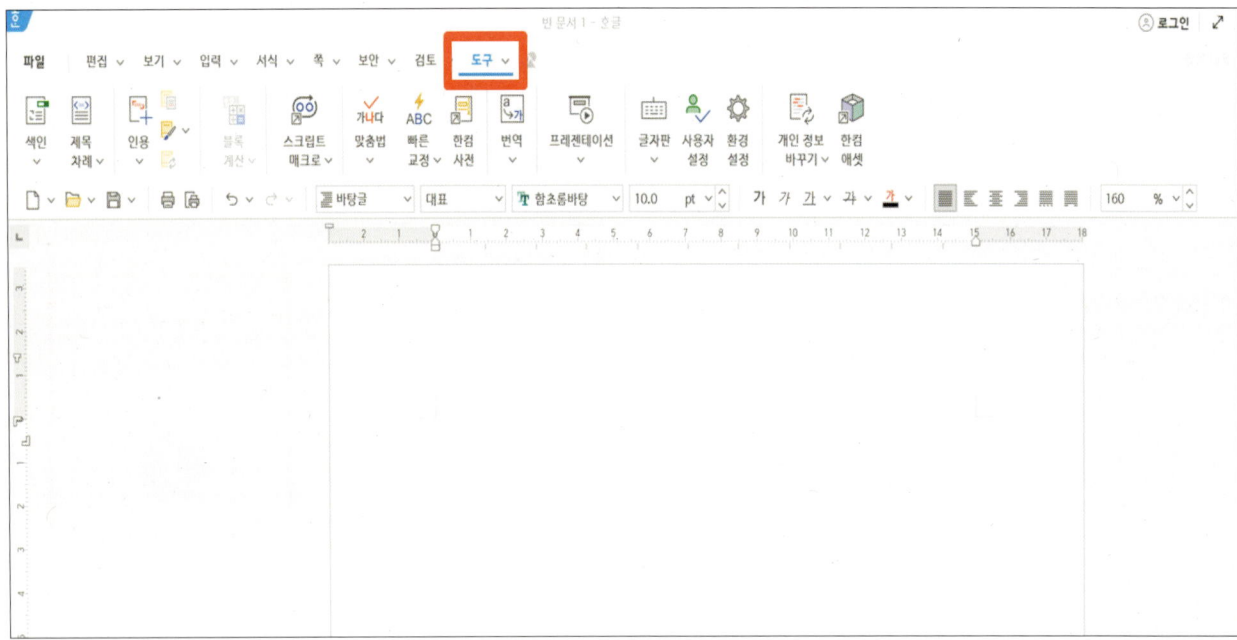

한컴오피스 한글에서 음성으로 글을 입력하고 싶다면, 먼저 상단 메뉴에서 [도구] 탭을 클릭해야 합니다. 이곳을 클릭하면 여러 도구 목록이 펼쳐지며, '음성 입력' 기능도 이 메뉴 안에 포함되어 있습니다.

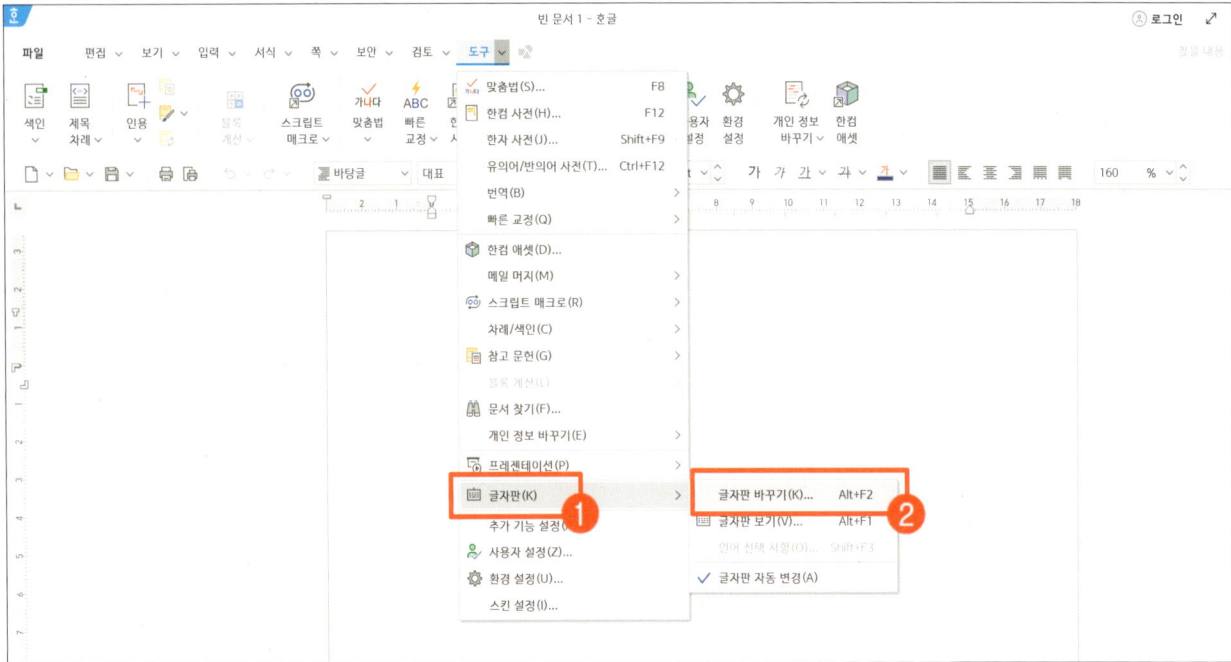

① 상단 메뉴에서 [도구]를 클릭한 후, 펼쳐지는 목록에서 [글자판] 항목을 찾아 선택합니다.
② 이어서 나타나는 하위 메뉴에서 [글자판 바꾸기]를 클릭하여 음성 입력 기능을 활성화할 수 있는 설정 창으로 이동합니다.

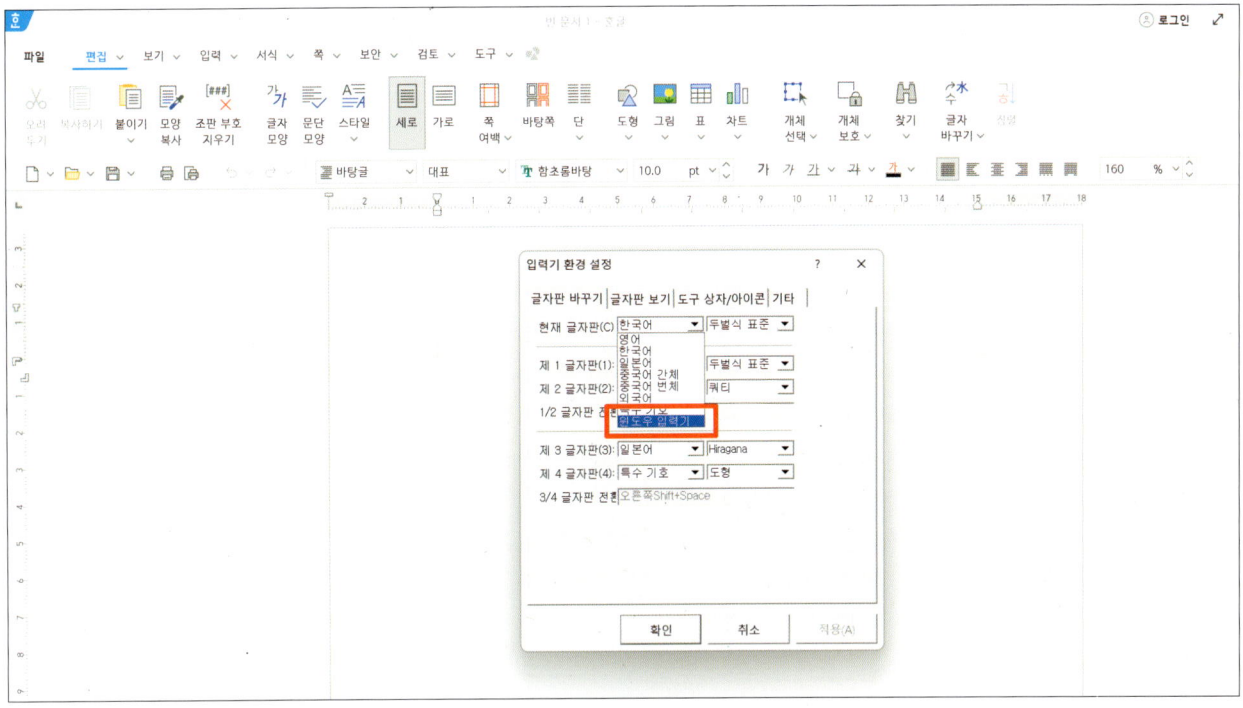

'글자판 바꾸기' 설정 창이 열리면, 목록에서 [윈도우 입력기]를 선택합니다.

이 설정을 적용하면 마이크를 통해 음성을 텍스트로 입력할 수 있습니다.

설정을 완료한 후에는 반드시 [확인] 버튼을 눌러 적용하세요.

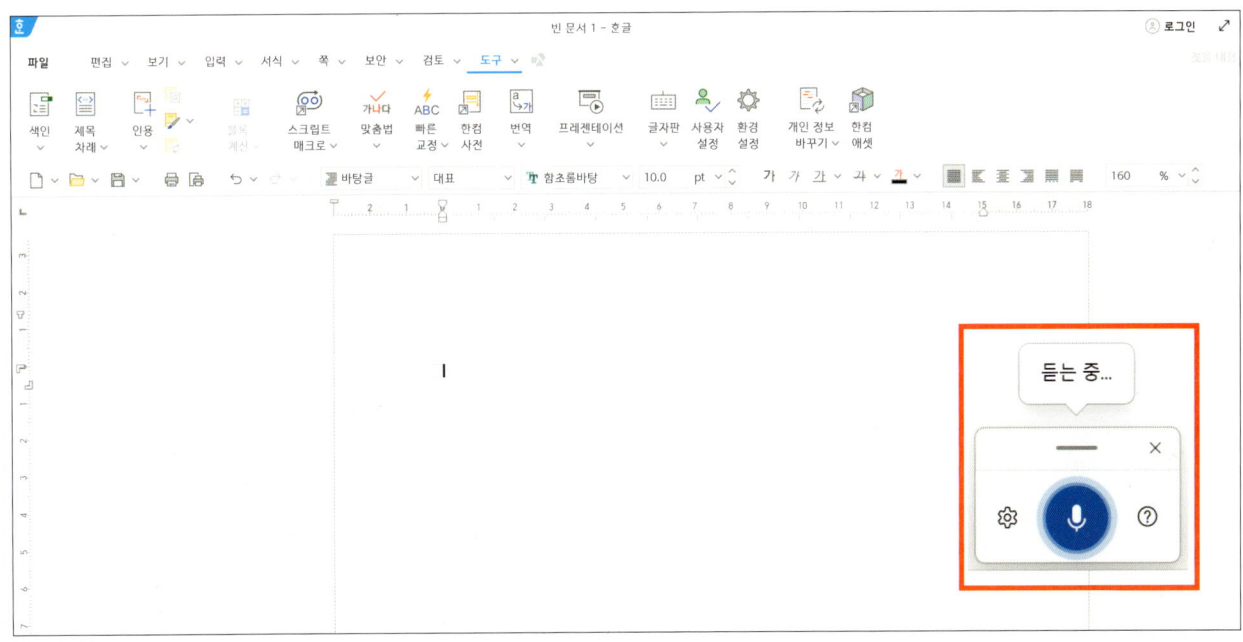

한글에서 음성 입력 설정을 마친 후에는 키보드에서 [윈도우 키 + H]를 누르면 오른쪽 하단에 파란색 마이크 아이콘이 나타나며 음성 입력 기능이 활성화됩니다. 이제 말을 하면 내용이 실시간으로 문서에 입력됩니다.

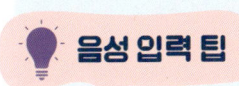

한글 프로그램을 종료 후 다시 실행했을 경우, 다시 음성 입력을 사용하려면, [도구] > [글자판 바꾸기]에서 [윈도우 입력기]를 다시 설정해야만 음성 입력이 정상 작동합니다.

크롬브라우저

크롬브라우저 제대로 활용하기

● 구글 번역(Google Translate)

① 이미지로 번역하기 - 파일 탐색 사용

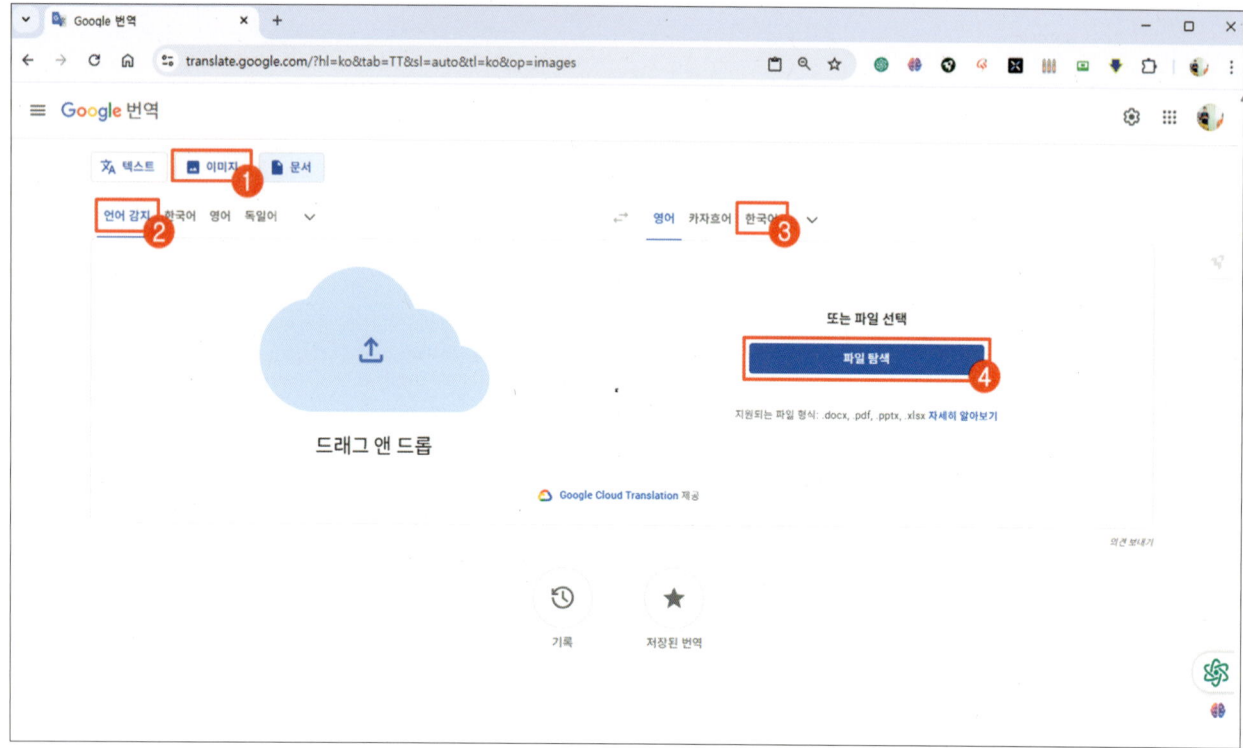

① [이미지]를 클릭합니다. ② [언어 감지]를 클릭합니다. ③ 목표 언어 [한국어]를 클릭합니다.
④ [파일 탐색]을 클릭합니다.

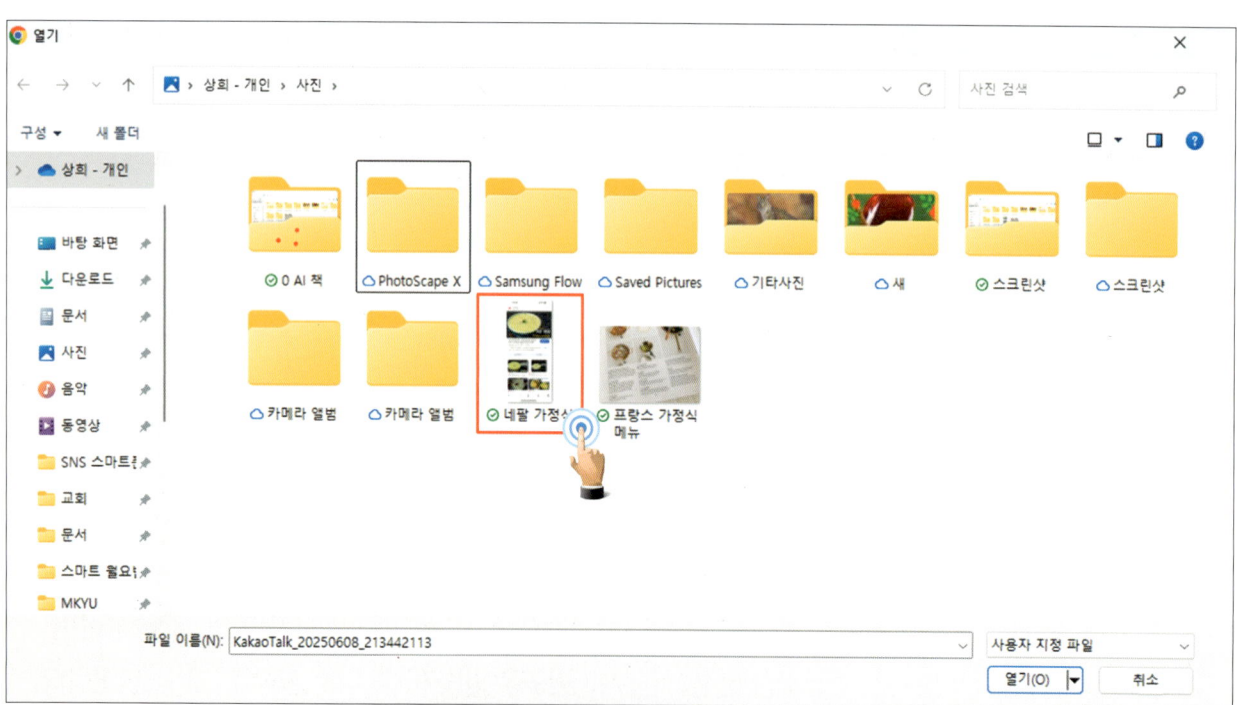

[사진폴더]에 있는 [네팔 가정식] 사진을 더블 클릭합니다.

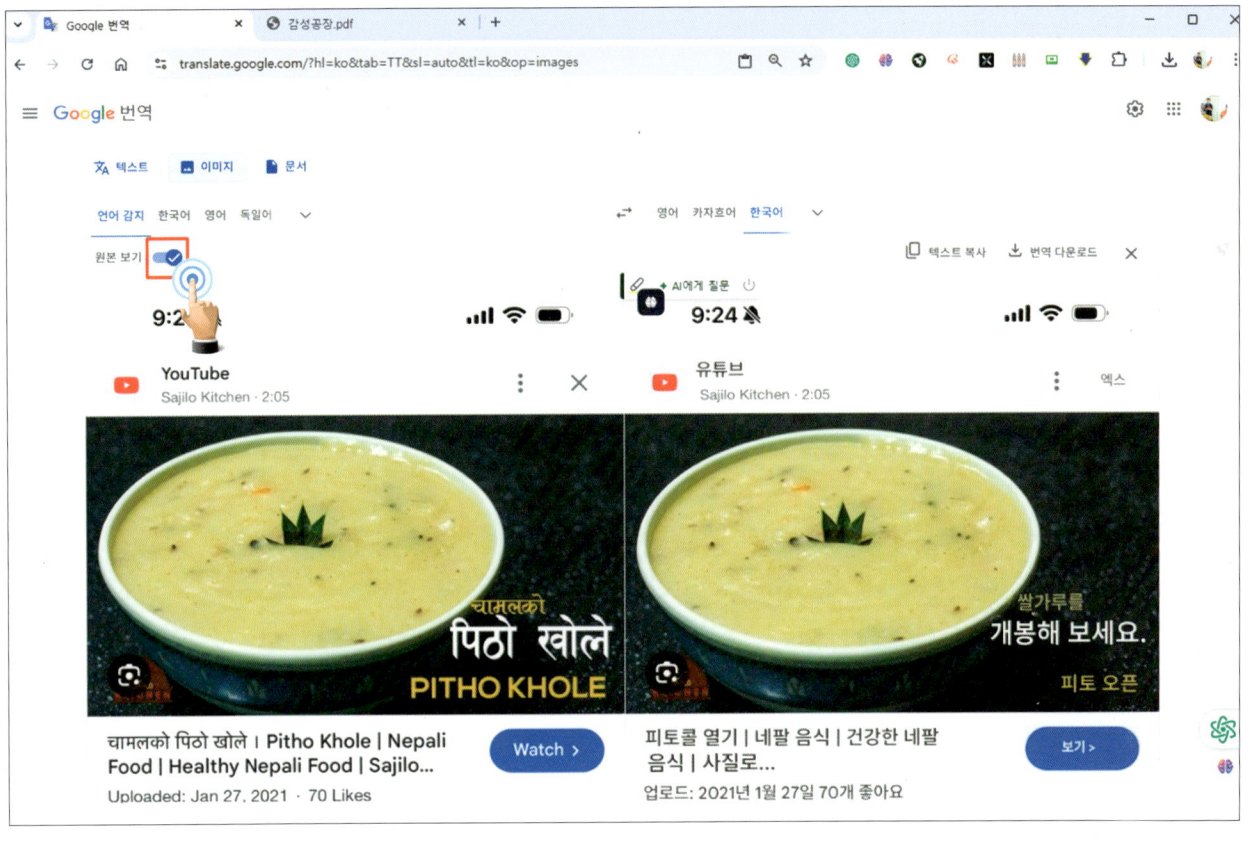

목표 언어인 한국어로 번역된 것을 확인할 수 있습니다. 왼쪽 상단의 [원본 보기]를 클릭하면 원본과 같이 비교할 수 있습니다.

② 문서 번역하기

– 파일 크기는 10M 미만, 100페이지 미만인 파일만 가능합니다.

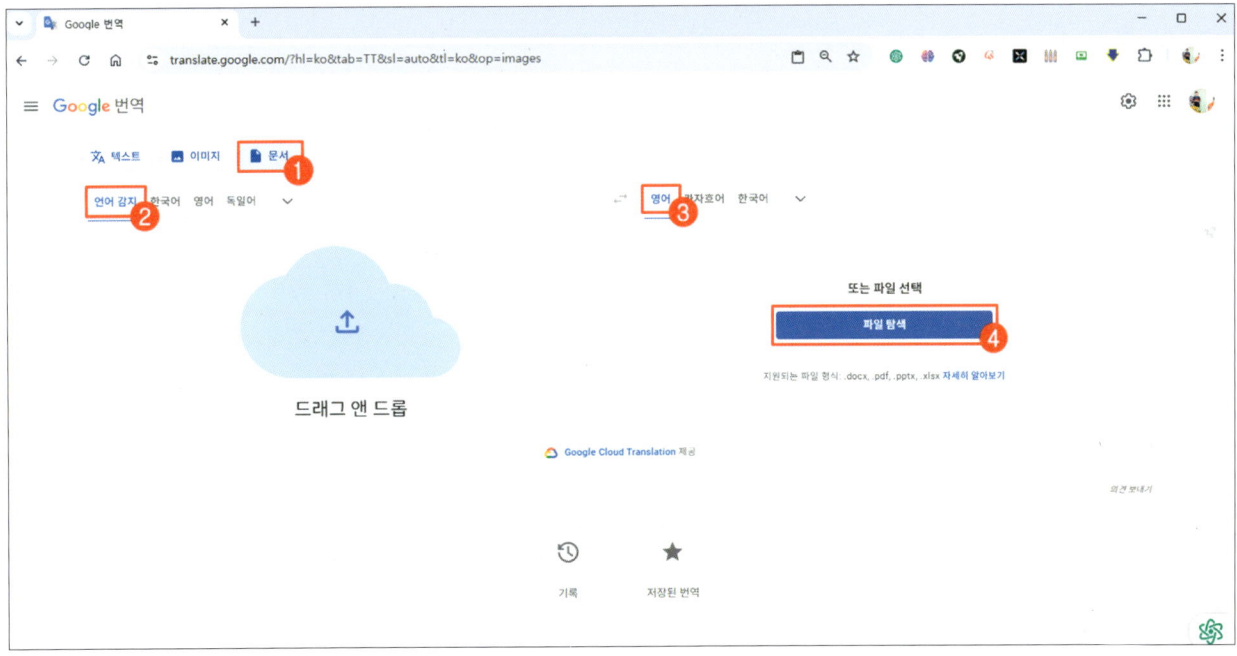

① [문서]를 클릭합니다. ② [언어 감지]를 클릭합니다. ③ 목표 언어 [영어]를 클릭합니다.
④ [파일 탐색]을 클릭하여 불러올 문서를 확인합니다.

크롬브라우저

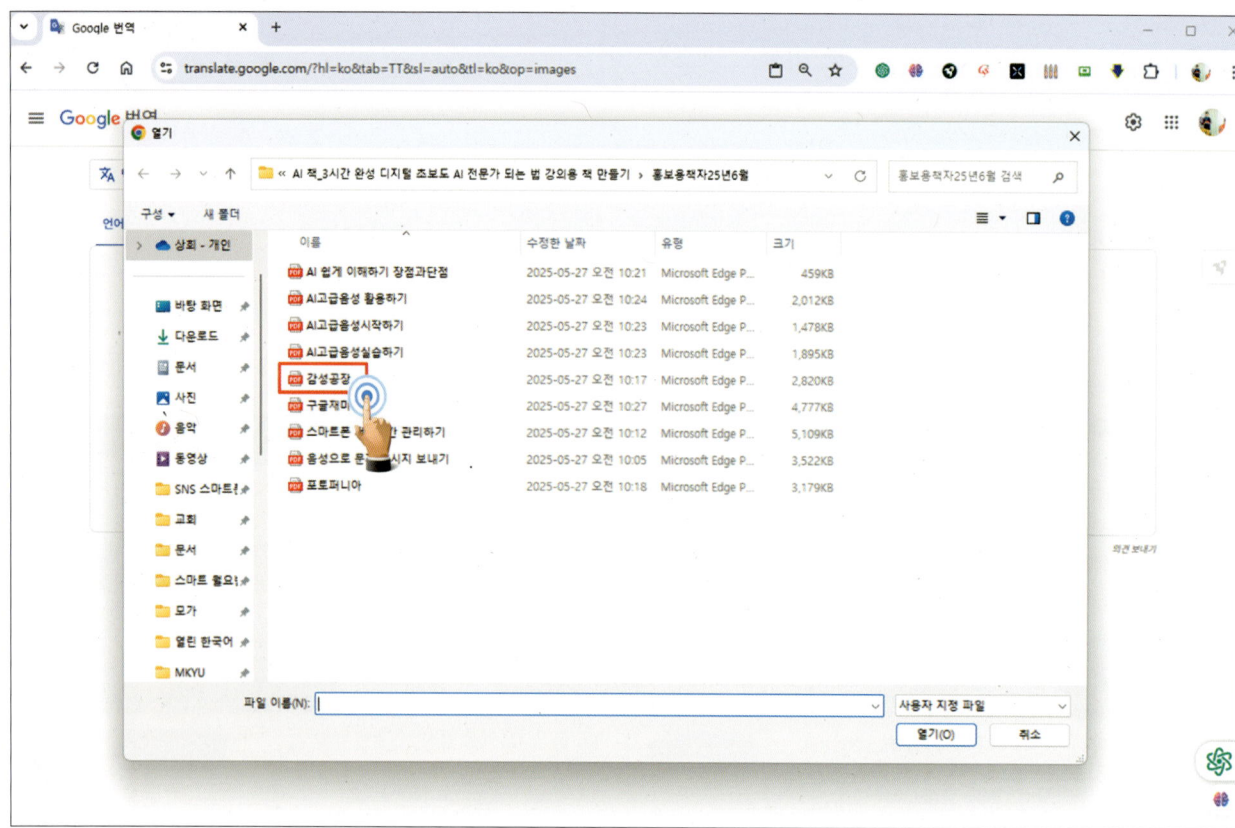

[감성공장] PDF 파일을 더블클릭하여 문서를 불러옵니다.

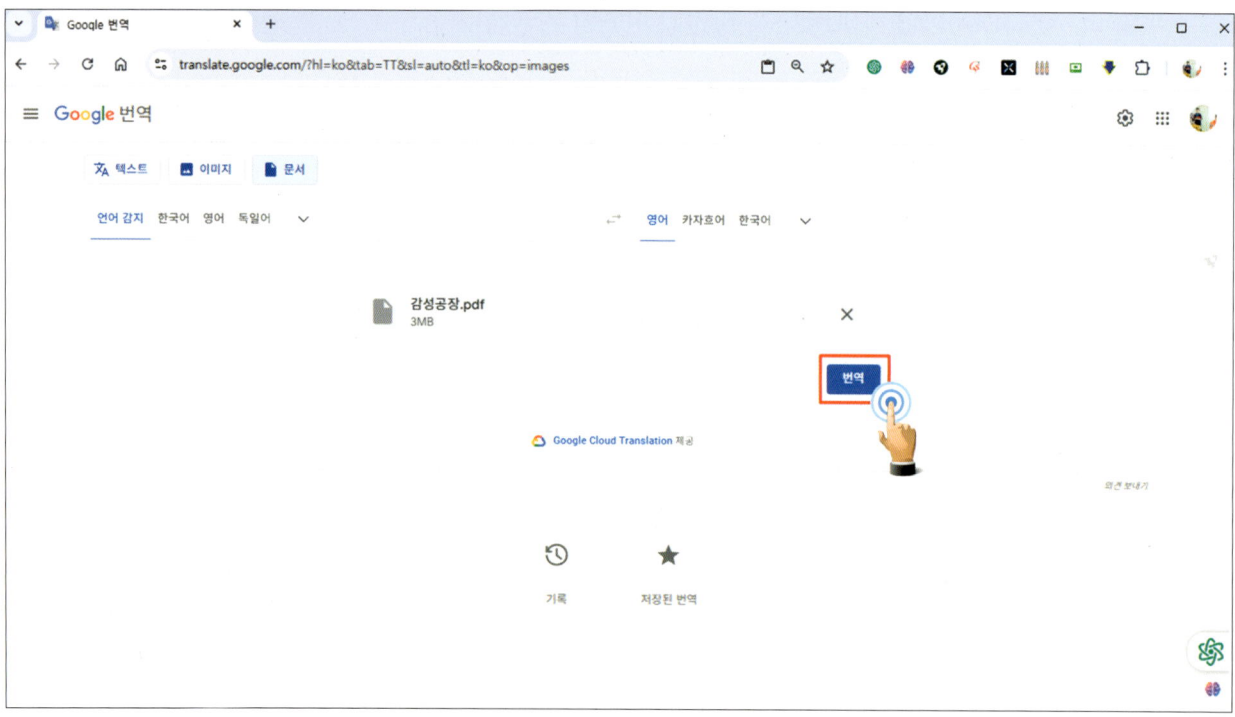

[번역]을 클릭하고 잠시 후 번역이 완료됩니다.

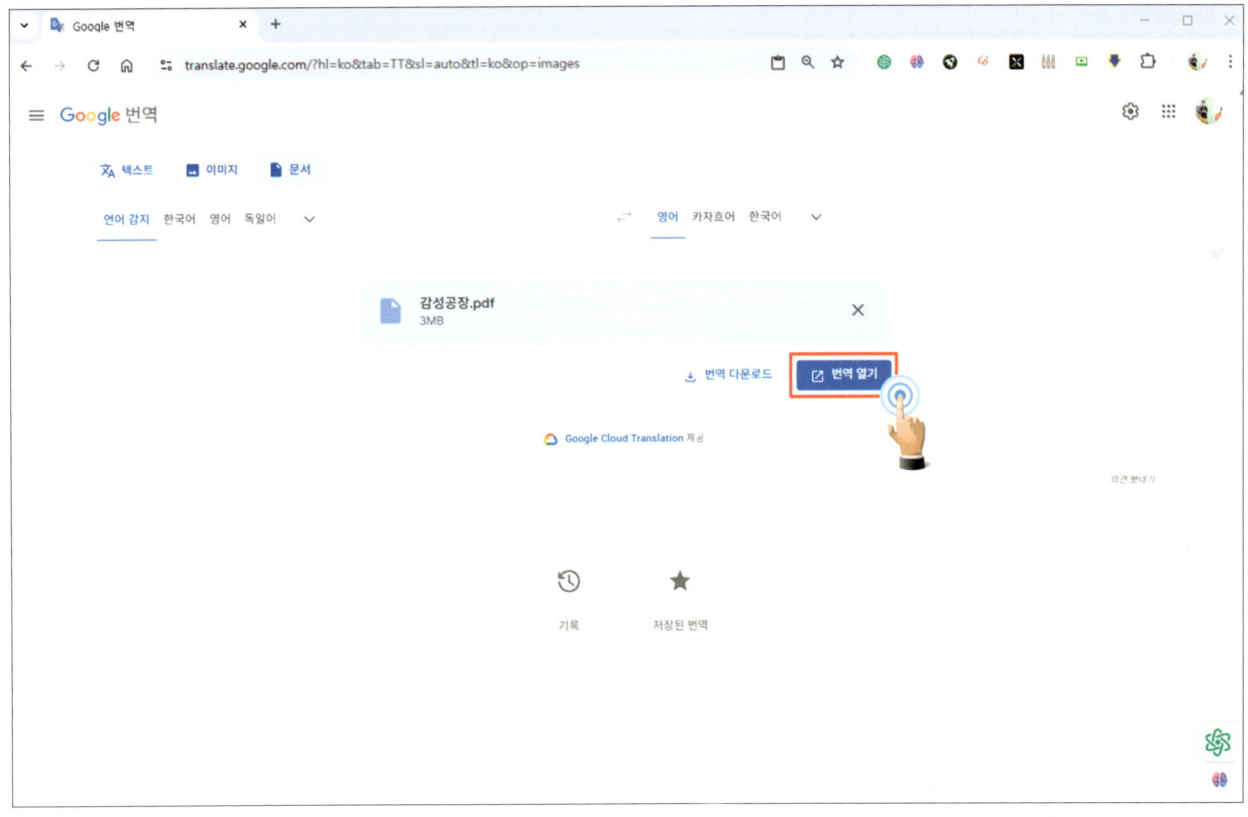

[번역 열기]를 클릭하여 번역한 내용을 확인합니다.

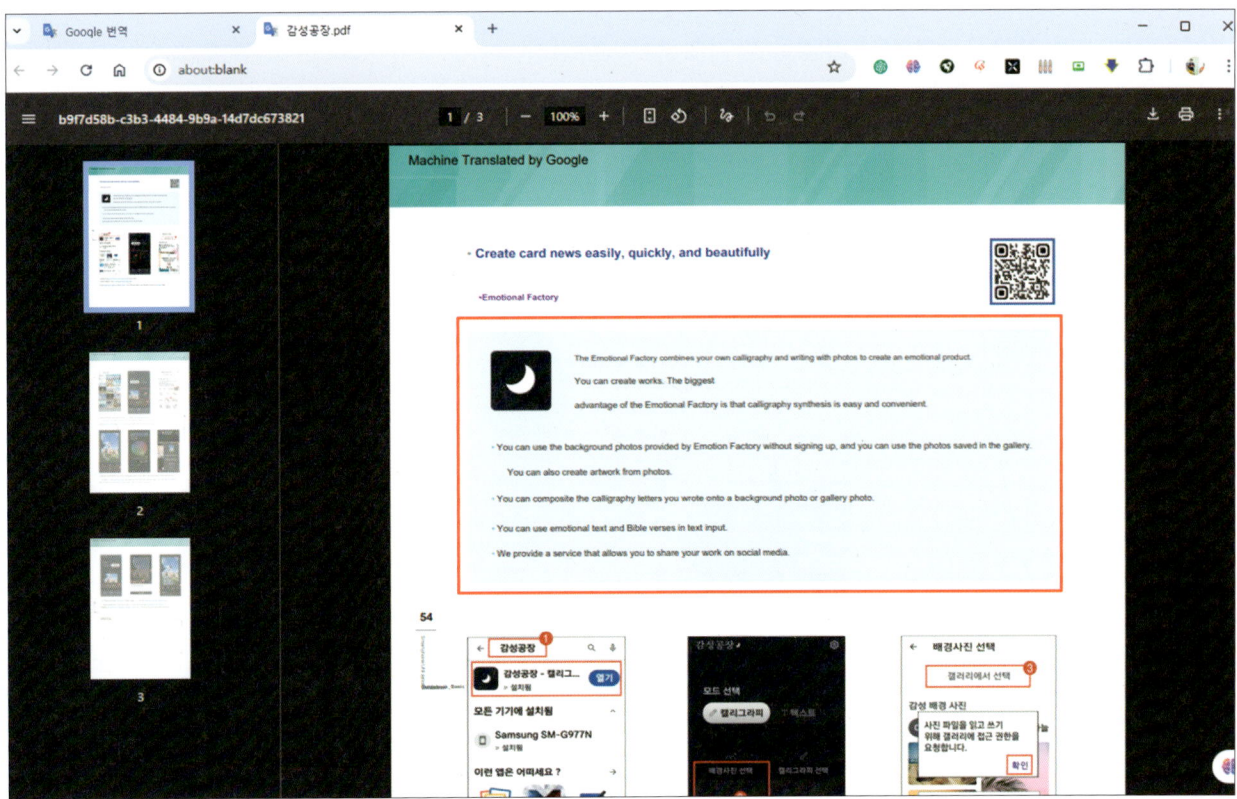

영어로 번역된 문서를 확인할 수 있습니다.

크롬브라우저

• **번역된 문서 다운로드하기**

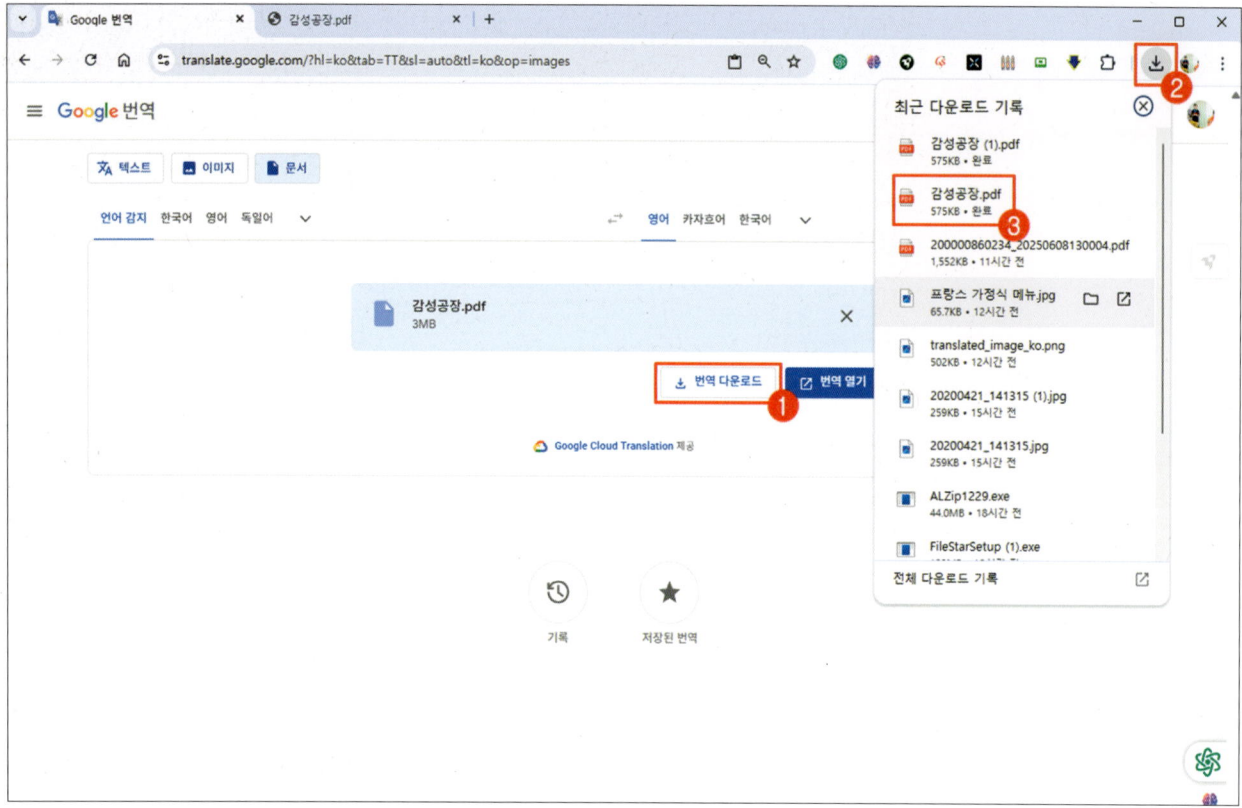

① [**번역 다운로드**]를 클릭하여 번역된 문서를 다운로드합니다.

② [**다운로드**] 단추를 클릭하여 최근 다운로드 기록을 확인합니다.

③ 다운로드된 [**감성공장.PDF**] 파일을 확인할 수 있습니다.

확장프로그램 활용하기

● AdBlock(Advertisement + Block)

① 신문기사 광고 없이 보기

웹사이트에 표시되는 광고를 자동으로 차단해, 보다 쾌적하고 빠른 인터넷 환경을 제공하는 확장 프로그램입니다. 팝업, 배너, 동영상 광고 등을 제거해 보안과 개인정보 보호에도 도움이 됩니다.

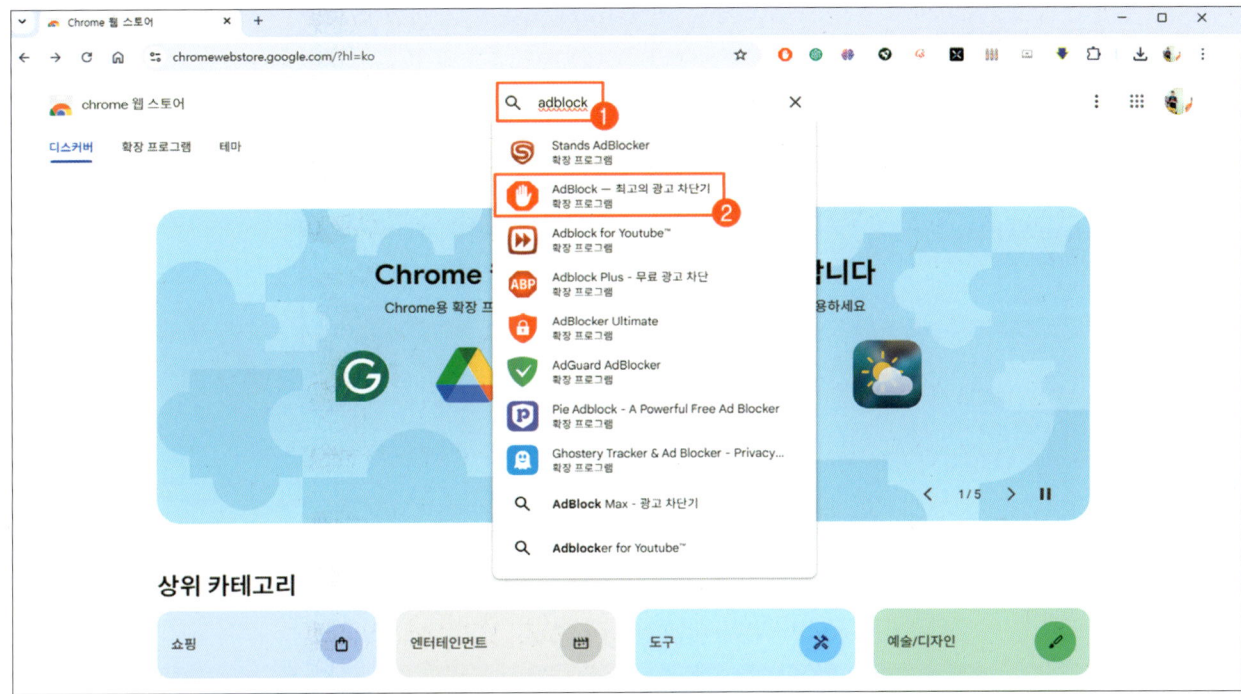

① 구글 웹 스토어에서 [adblock]을 입력합니다. ② 드롭다운 리스트의 [AdBlock]을 클릭합니다.

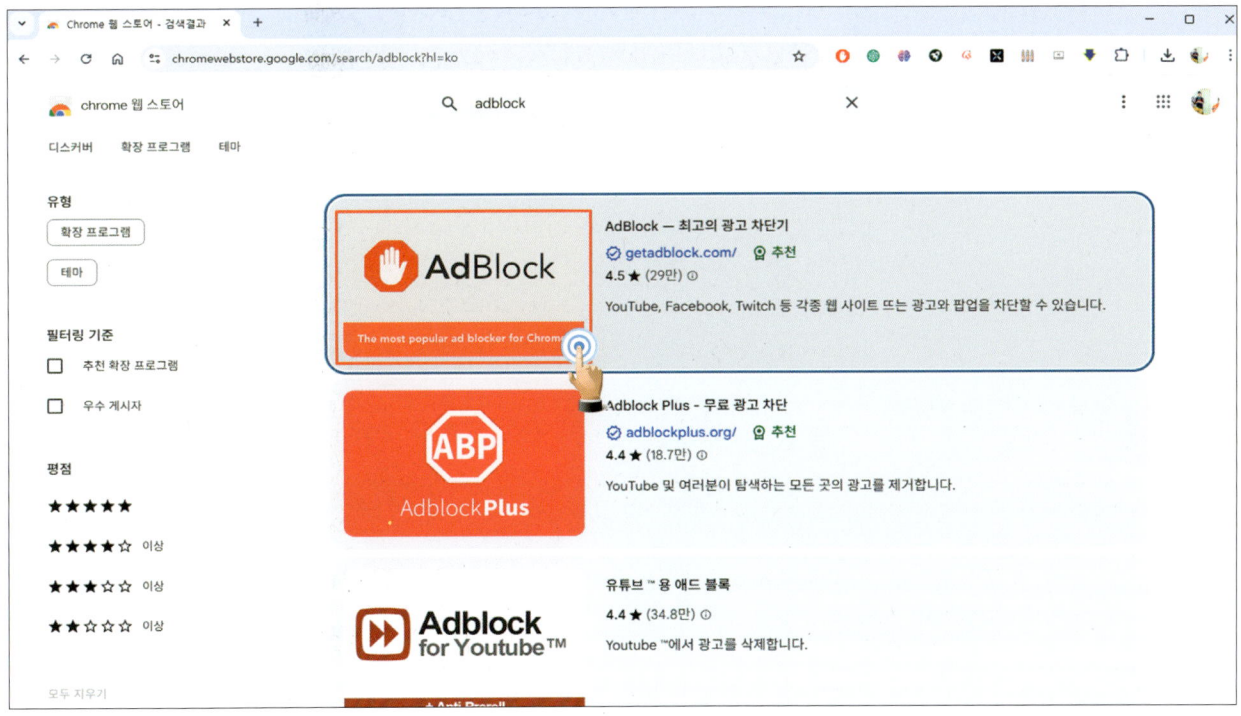

그림과 같이 [AdBlock]를 클릭합니다.

크롬브라우저

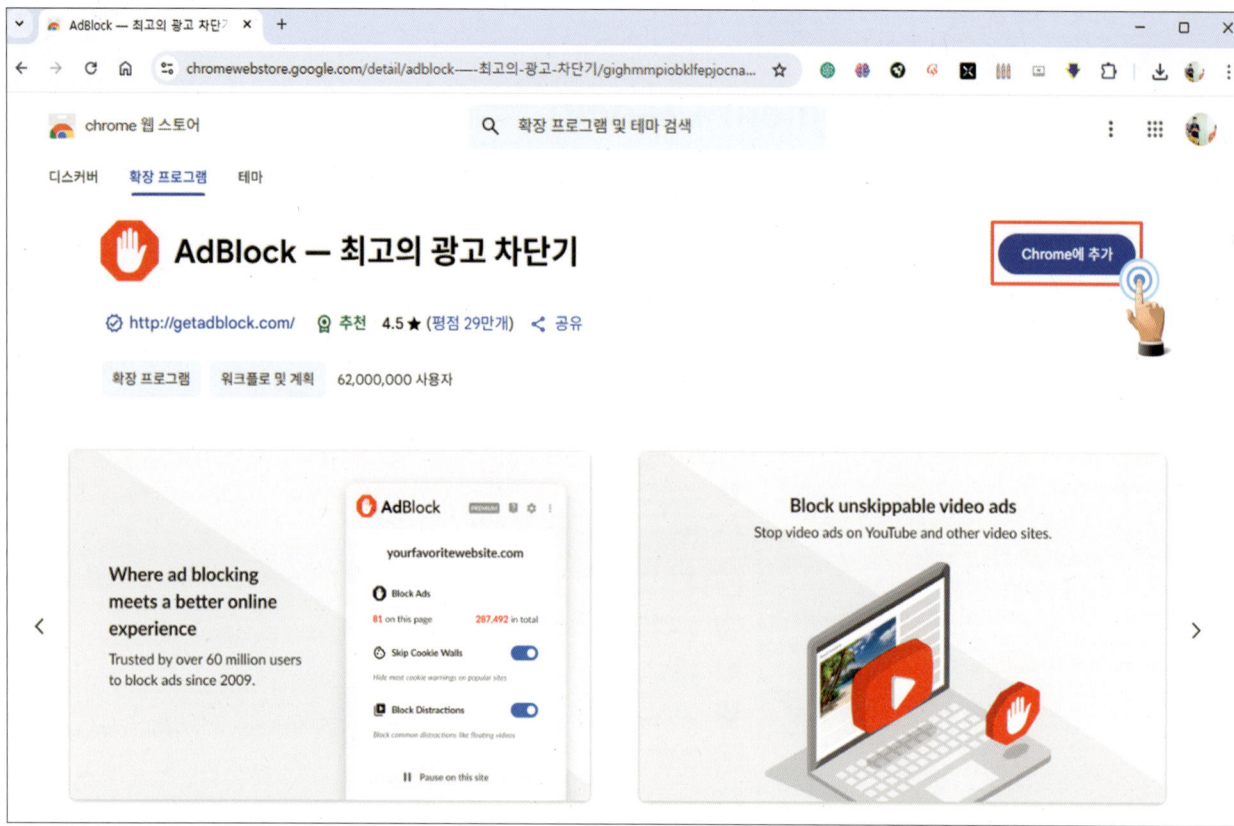

[Chrome에 추가]를 클릭합니다.

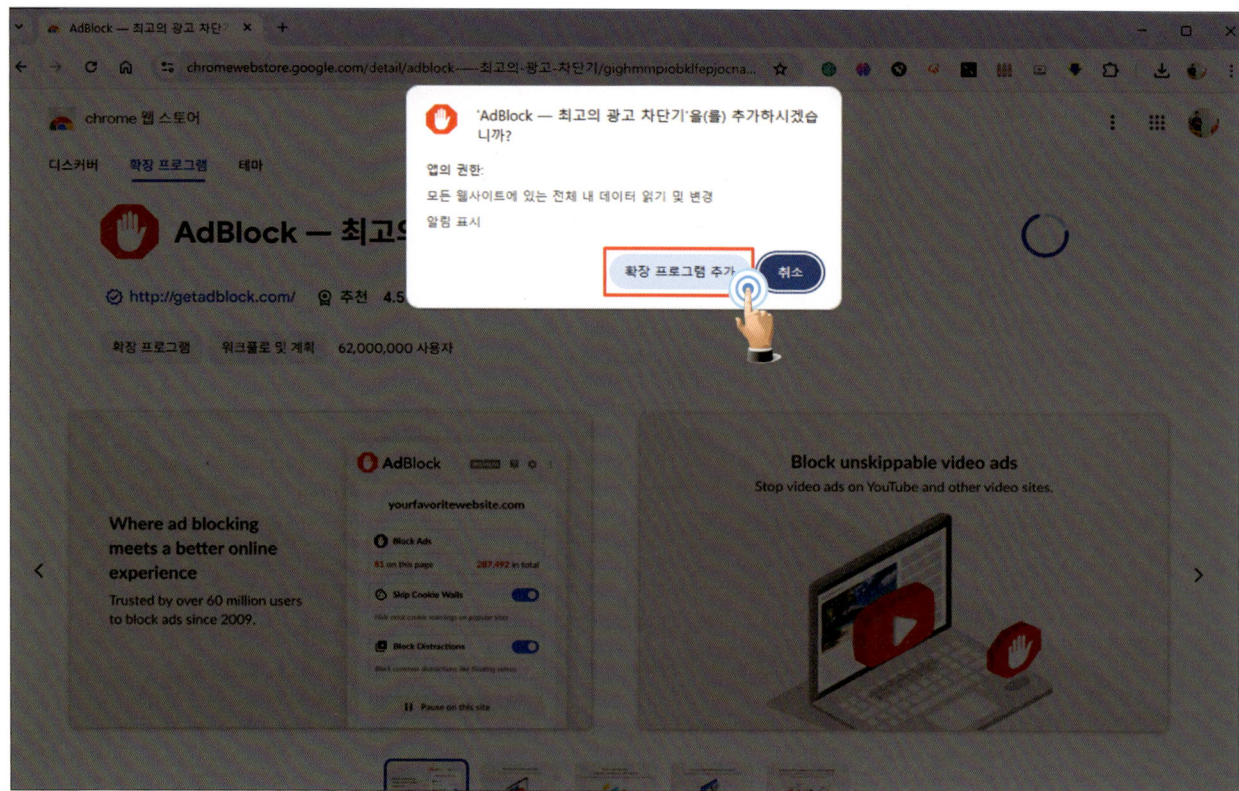

[확장 프로그램 추가]를 클릭하여 확장 앱을 설치합니다.
설치 후 구매를 요청하는 페이지가 열릴 수 있지만, 무시하고 닫으셔도 사용에는 지장이 없습니다.

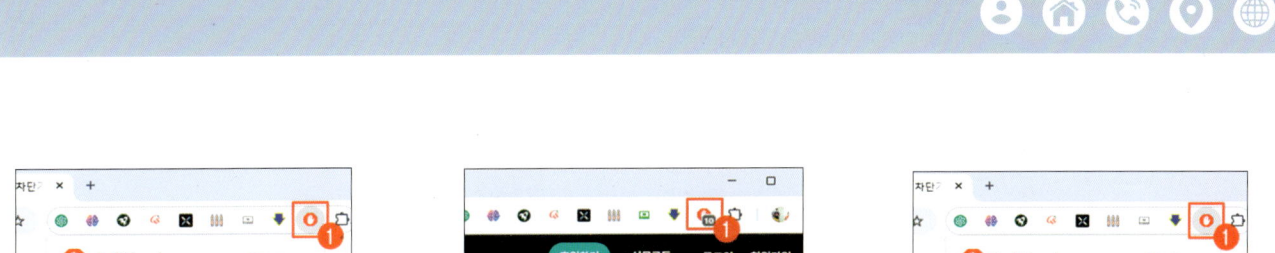

1️⃣ 설치가 완료된 후 화면 우측 상단의 ① [확장 프로그램 아이콘]을 클릭합니다. ② AdBlock의 [핀 아이콘]을 클릭하여 확장 프로그램 영역에 등록시킵니다. 2️⃣ ① [AdBlock 앱]이 등록 된 것을 확인할 수 있습니다. 3️⃣ ① [AdBlock]을 클릭하면 ② [총 137개]의 광고가 차단 것을 확인할 수 있습니다.

① 조선일보 홈페이지에 접속한 결과, 설치한 광고 차단 프로그램이 정상적으로 작동하여 광고가 보이지 않는 것을 확인할 수 있습니다.

크롬브라우저

② 유튜브 광고없이 보기

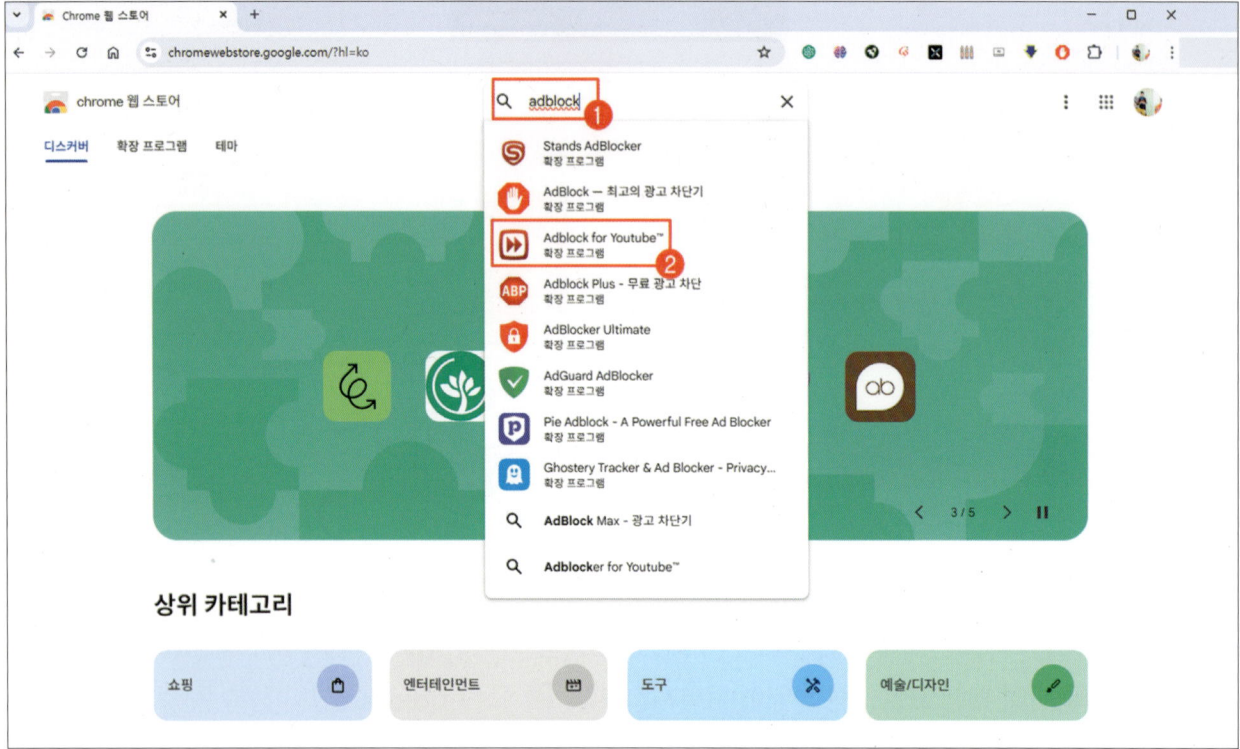

① 구글 웹 스토어에서 [adblock]를 입력합니다. ② 드롭 다운 리스트의 [AdBlock for Youtube]을 클릭합니다.

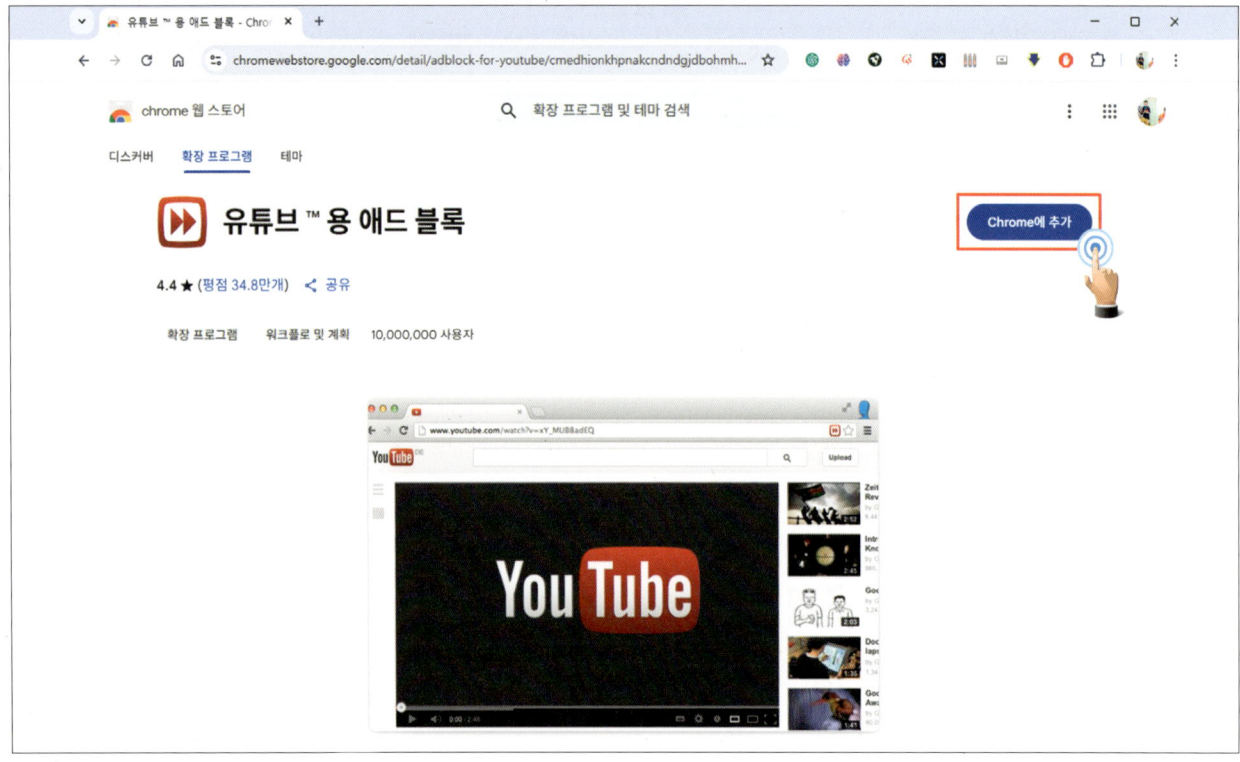

[Chrome에 추가]를 클릭합니다.

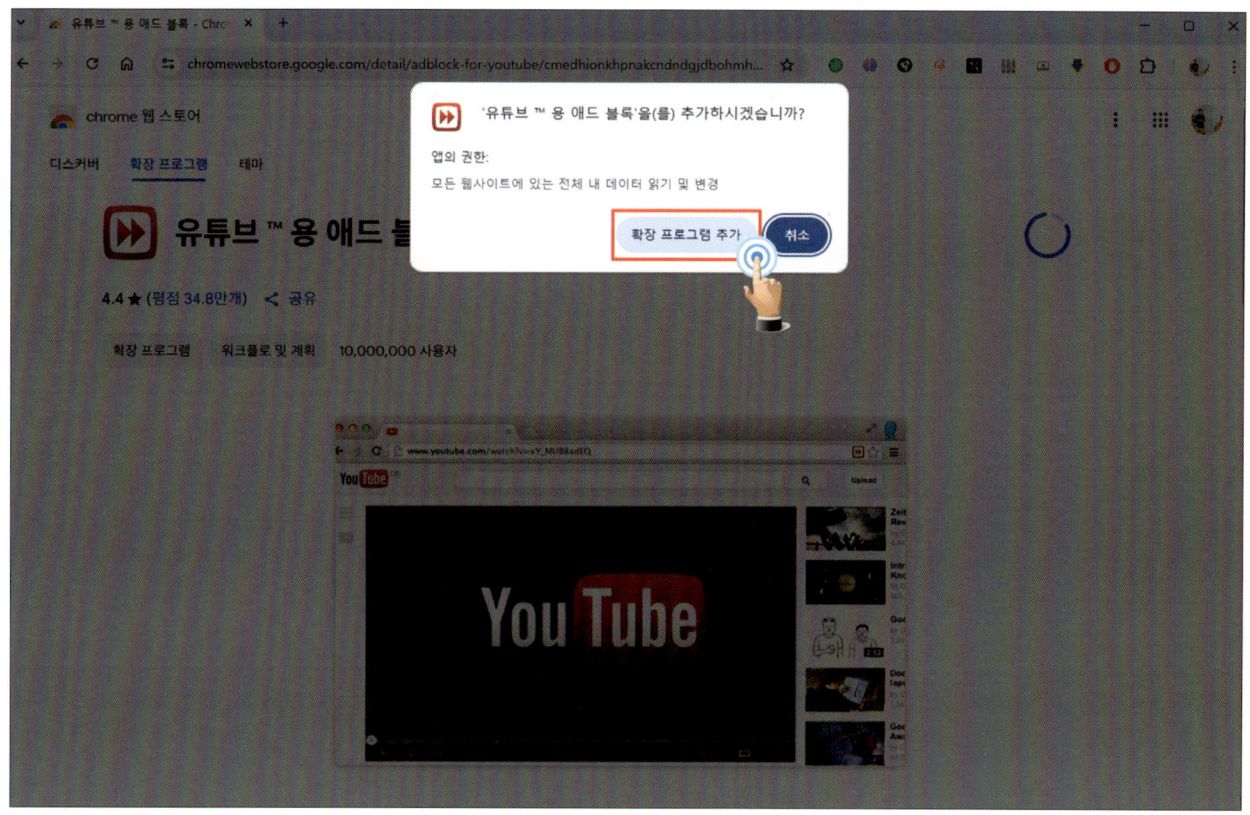

[확장 프로그램 추가]를 클릭하여 확장 앱을 설치합니다.

설치 후 Step 2: Block Ads Online With AdBlock360라는 사이트가 열리면 무시하고 닫으셔도 사용에 아무 문제가 없습니다.

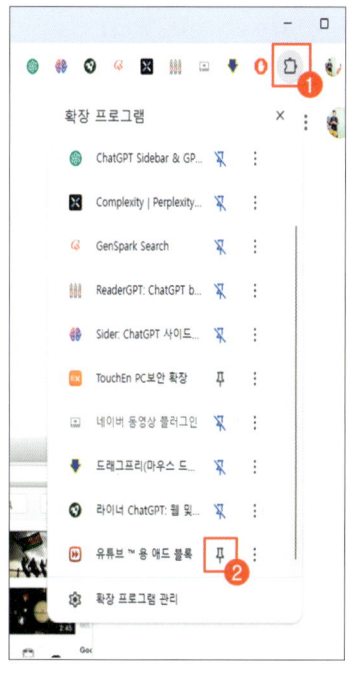 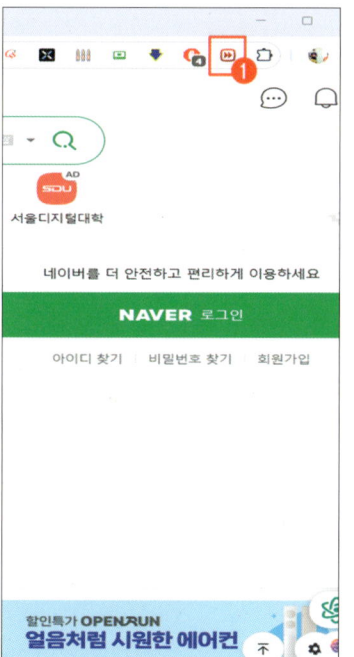

1 설치가 완료된 후 화면 우측 상단의 ① [확장 프로그램 아이콘]을 클릭합니다. ② 유튜브용 애드블록의 [핀 아이콘]을 클릭하여 확장 프로그램 영역에 등록시킵니다.

2 ① [유튜브용 애드블록 앱]이 등록된 것을 확인할 수 있습니다.

③ Drag Free - 우클릭 잠금 해제

마우스 드래그 및 우클릭 차단을 해제해 자유로운 복사와 편집이 가능하지만, 일부 사이트에서는 제한되거나 저작권 문제를 유의해야 합니다.

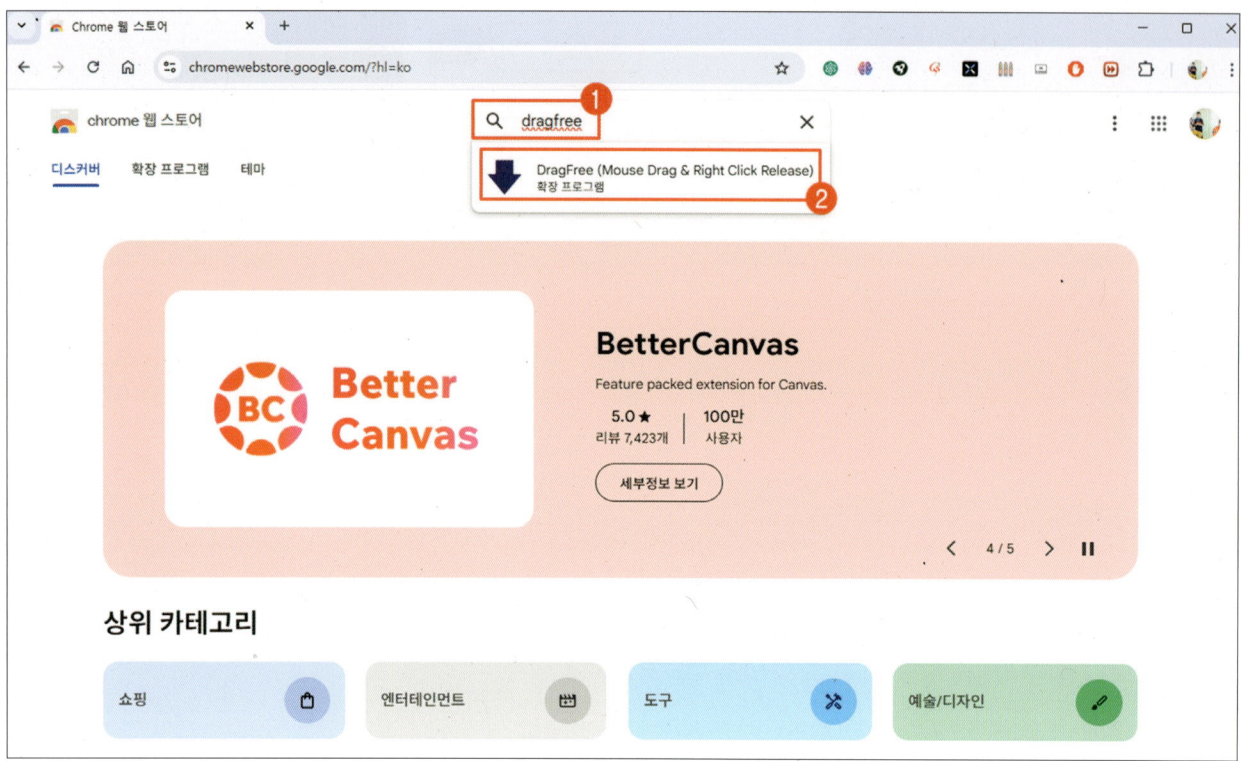

① 구글 웹 스토어에서 [DragFree]를 입력합니다. ② 드롭 다운 리스트의 [DragFree]을 클릭합니다.

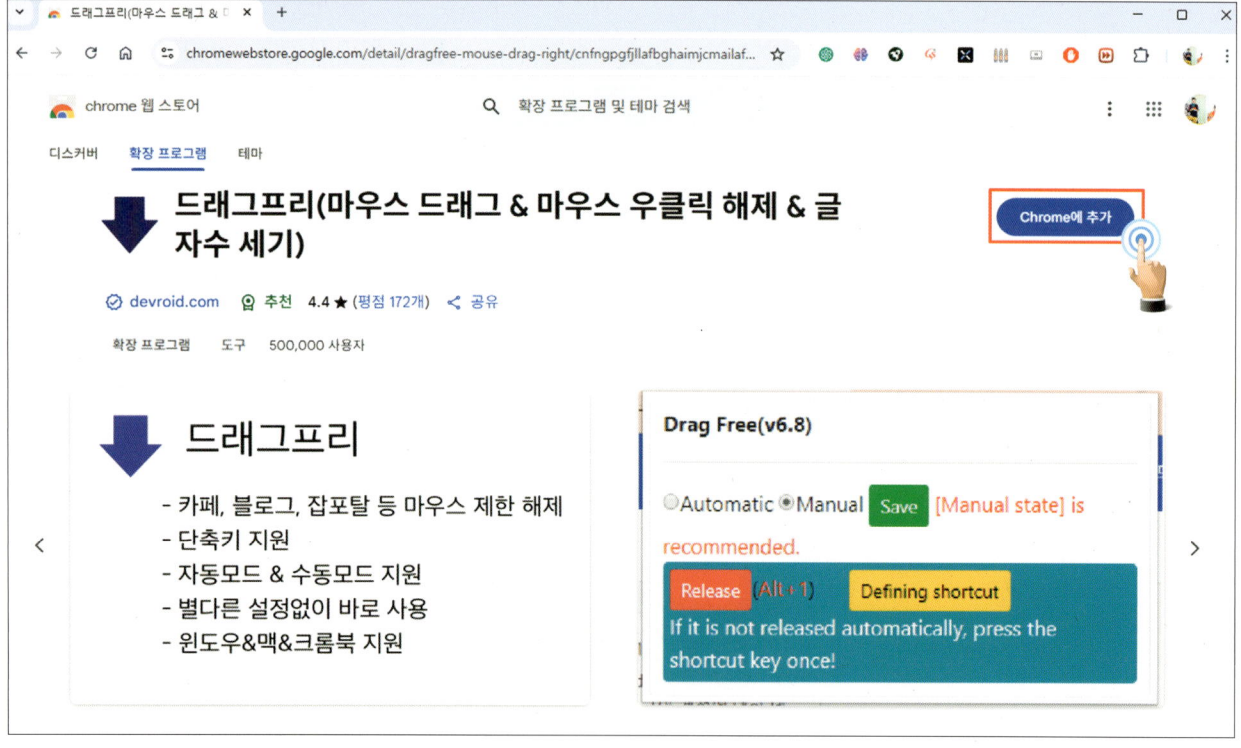

[Chrome에 추가]를 클릭합니다.

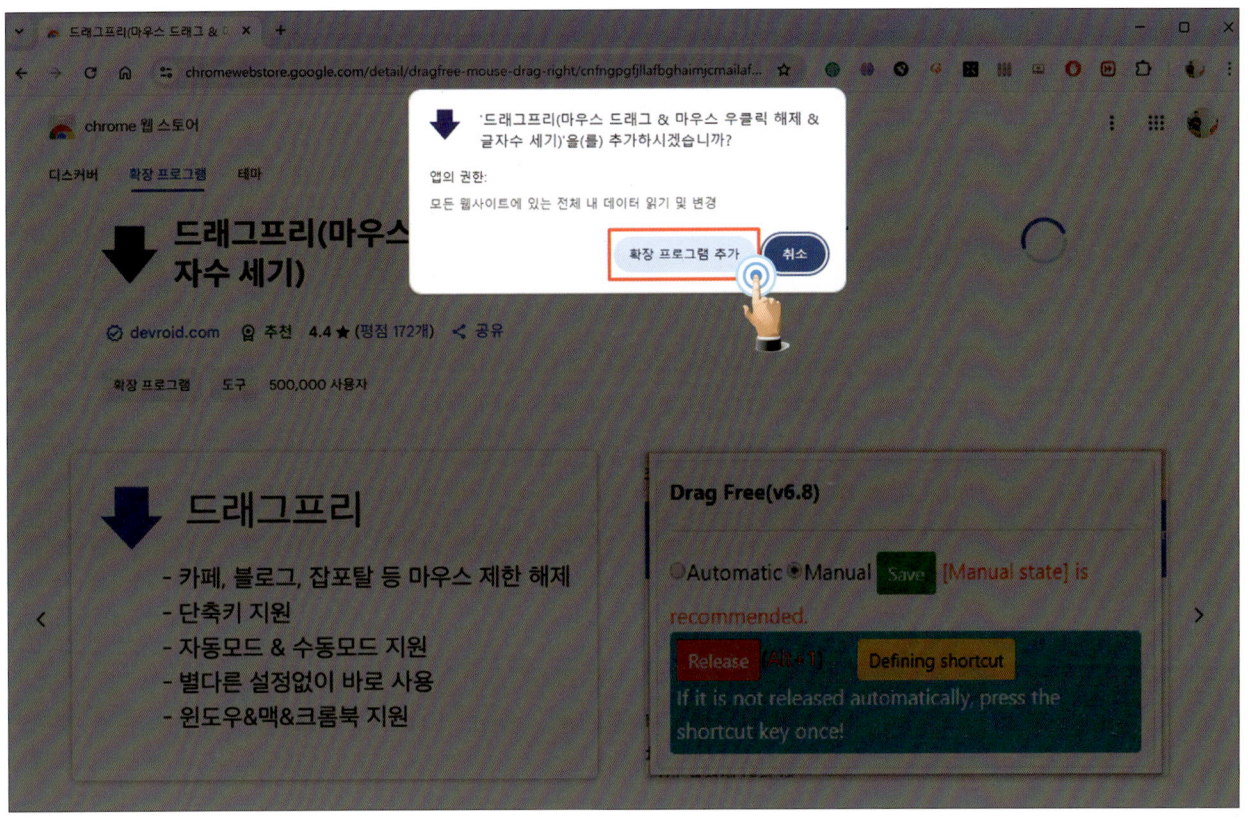

[확장 프로그램 추가]를 클릭하여 확장 앱을 설치합니다.

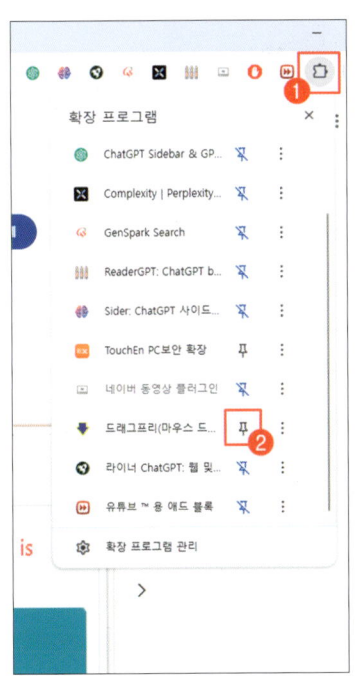
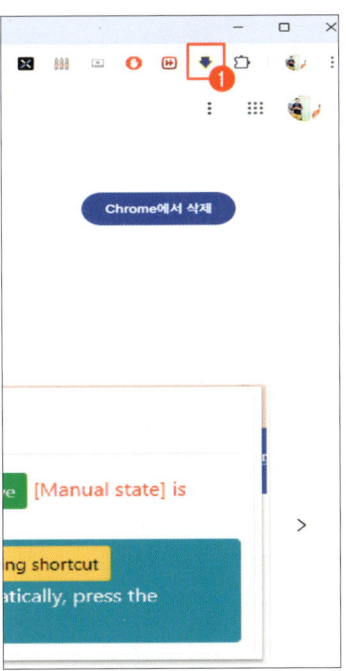

1 설치가 완료된 후 화면 우측 상단의 ① [확장 프로그램 아이콘]을 클릭합니다. ② 우클릭 잠금 해제 [드래그프리…]을 클릭하여 확장 프로그램 영역에 등록시킵니다.

2 ① [드래그프리]가 등록된 것을 확인할 수 있습니다.

크롬브라우저

디지털 콘텐츠 그룹 대표님의 블로그는 우클릭이 제한되어 있어, 이를 해제하는 방법을 직접 시도해 보겠습니다. ① [DragFree]를 클릭합니다. ② [제한풀기]를 클릭합니다.

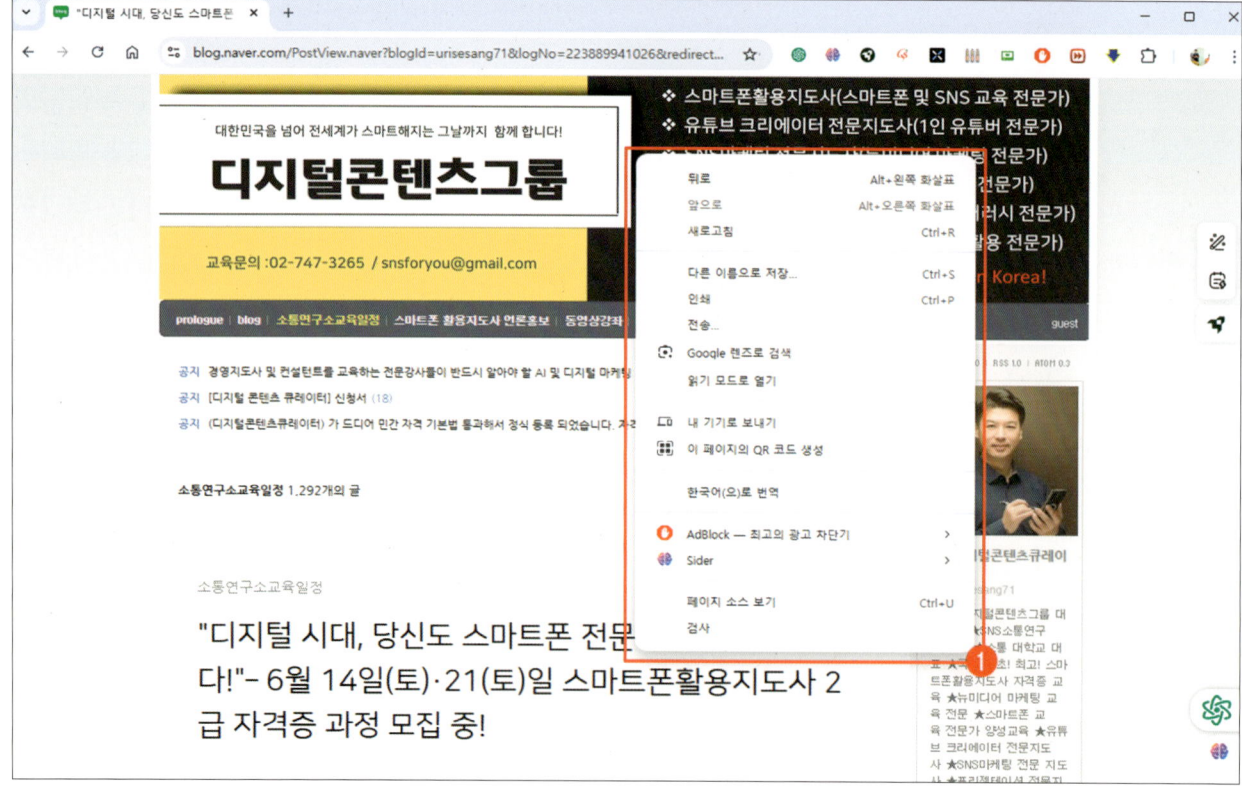

우클릭 시 바로가기 메뉴가 정상적으로 나타나며, 우클릭 제한이 해제된 것을 확인할 수 있습니다.

카드뉴스 쉽고 빠르고 멋지게 만들기

● 감성공장

감성공장은 자신만의 캘리그래피와 글씨를 사진과 합성해 감성 넘치는 작품을 만들 수 있습니다.
감성공장의 가장 큰 장점은 쉽고 편리하게 캘리그래피 합성이 가능하다는 점입니다.

- 가입 없이 감성공장에서 제공하는 배경 사진을 사용할 수 있고, 갤러리에 저장되어 있는 사진으로도 작품을 만들 수 있습니다.
- 내가 쓴 캘리그래피 글씨를 배경사진이나 갤러리 사진에 합성할 수 있습니다.
- 텍스트 입력하기에서는 감성 글, 성경 구절을 사용할 수 있습니다.
- 만들어진 작품을 SNS에 공유할 수 있는 서비스를 제공합니다.

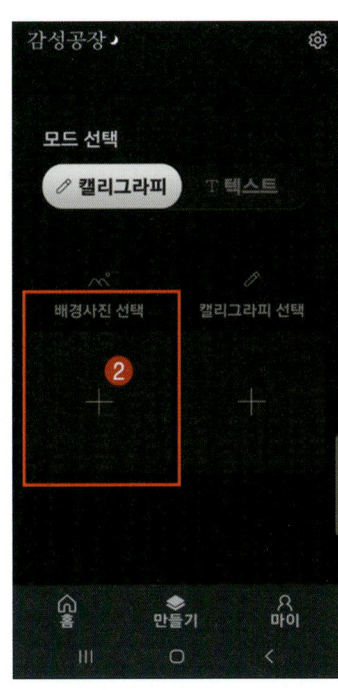
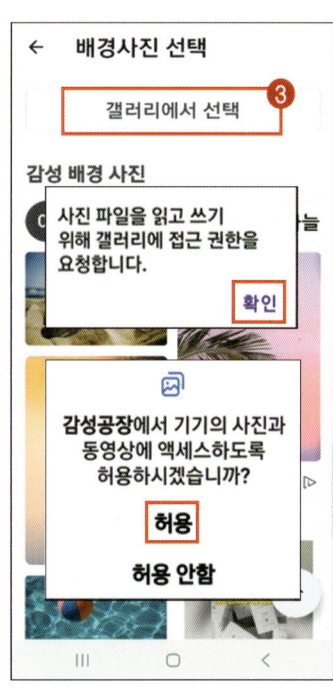

1 ① [구글 Play스토어]에서 [감성공장]를 검색하여 설치합니다.
2 ② 설치 후 [배경사진 선택]의 [+]를 터치합니다.
3 ③ [갤러리에서 선택]을 터치하면, 접근 권한 요청 창에서 [확인]하고, 다시 [허용]을 터치합니다.

감성공장

 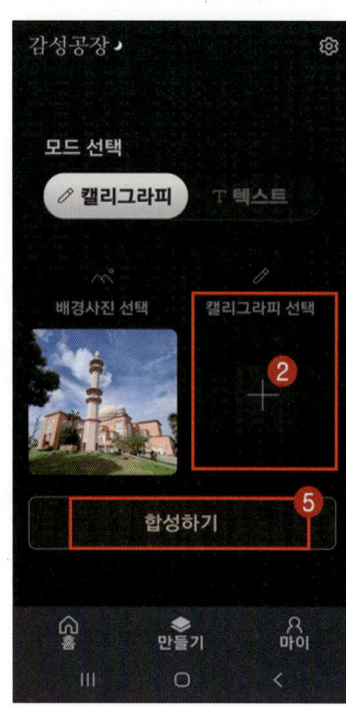 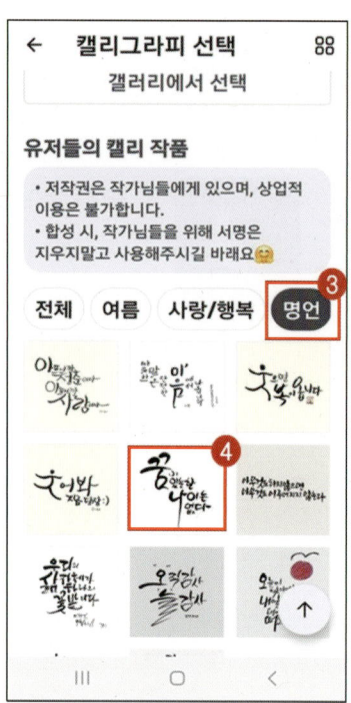

1 [갤러리]에서 편집할 이미지를 선택합니다. **2** ② [캘리그라피 선택]의 [+]를 터치합니다.
③ 감성공장에서 제공된 캘리그라피를 중간의 항목별로 찾을 수 있습니다.
3 명언의 [꿈이 있는 한 나이는 없다]를 선택하고 [합성하기] 터치합니다.

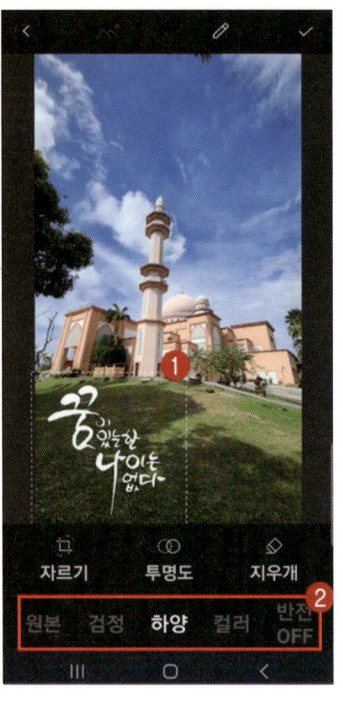 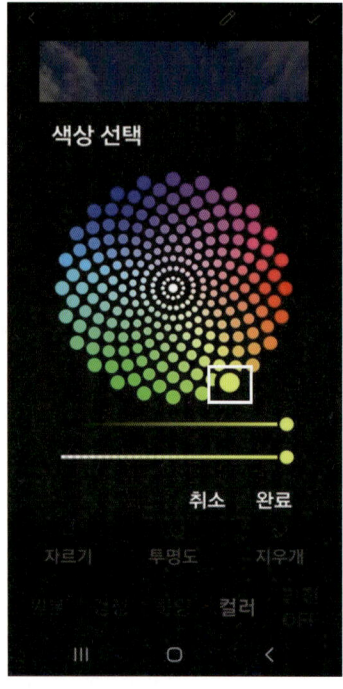 

1 ① 합성된 캘리그래피를 두 손가락으로 크기 조절과 회전, 드래그로 위치를 정하고, 자르기 등을 적절히 사용합니다. **2** ② [하양] 또는 [컬러]를 터치하여 캘리의 색상도 이미지에 어울리게 바꿔봅니다.
3 ③ [광고] 창이 보이고 잠시 후에 [갤러리에 저장되었습니다.] 창이 보이면 갤러리에서 확인해 보세요.

  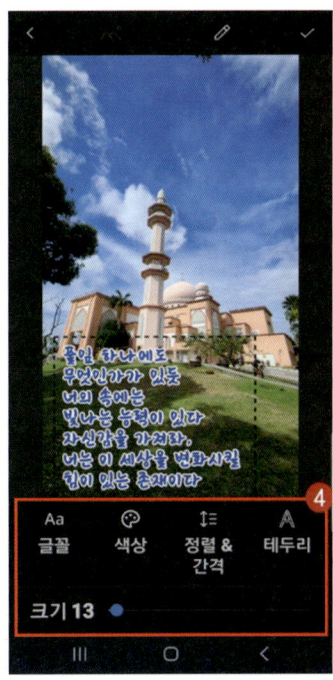

1 ① [텍스트]에서 [텍스트입력하기] 를 터치하고 **2** ② [터치하여 문구를 입력하세요]를 터치하여 입력하고 싶은 글을 입력하면 됩니다. ③ [감성글, 성경]을 선택할 수도 있습니다.

3 ④ [글꼴, 색, 정렬, 테두리, 크기] 등을 지정하고, 원하는 위치로 글자를 드래그합니다.

포토퍼니아

● 포토퍼니아

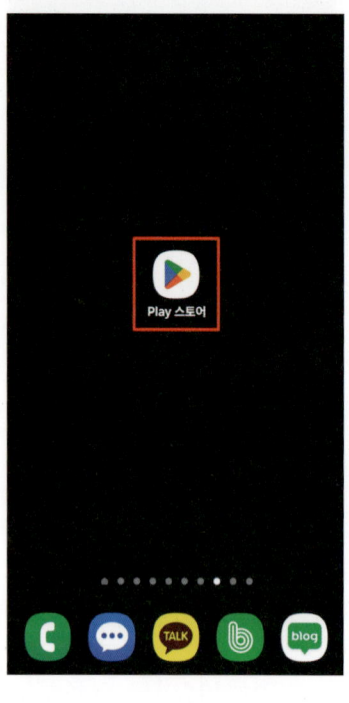

1 [Play스토어]를 터치합니다. **2** ① [포토퍼니아]를 입력하여 검색합니다. ② 포토퍼니아 아이콘을 확인하고 [설치]를 터치합니다. ③ [포토퍼니아] 설치가 완료되면 [열기]를 터치하여 실행합니다.
3 [포토퍼니아] 메뉴가 영어로 나온다면 종료 후 다시 실행하면 한글로 바뀝니다.

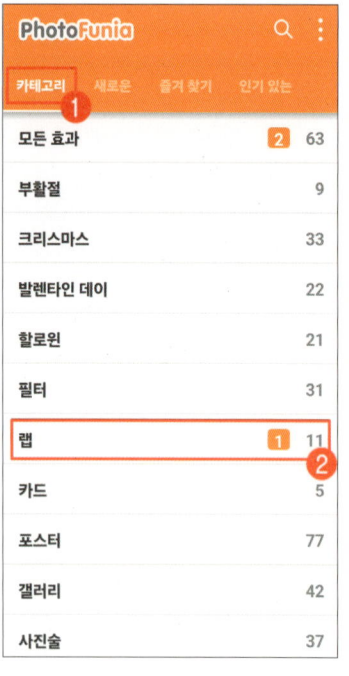
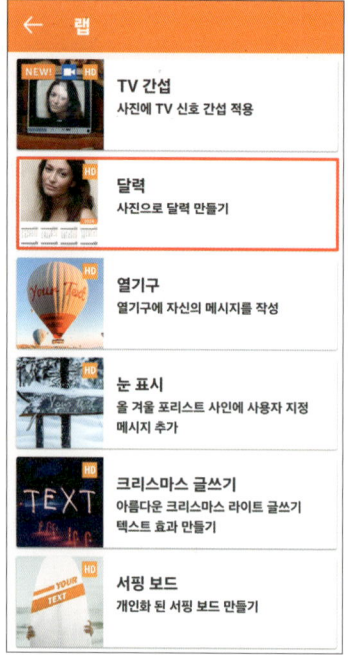
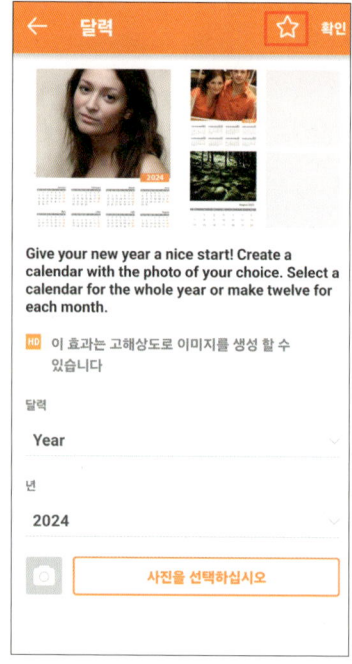

1 상단 메뉴 중에서 ① [카테고리]를 터치합니다. 템플릿(총 639개)이 카테고리별로 몇 개 있는지 표시됩니다. 위아래로 스크롤 하여 카테고리를 확인할 수 있습니다. ② [랩]을 터치합니다.
2 [달력]을 선택합니다. **3** 현재 템플릿을 즐겨찾기 하려면 상단의 ☆을 터치합니다. 별 안쪽이 채워지고 현재 템플릿은 즐겨찾기 메뉴에 추가됩니다. 한 번 더 터치하면 즐겨찾기에서 해제됩니다.

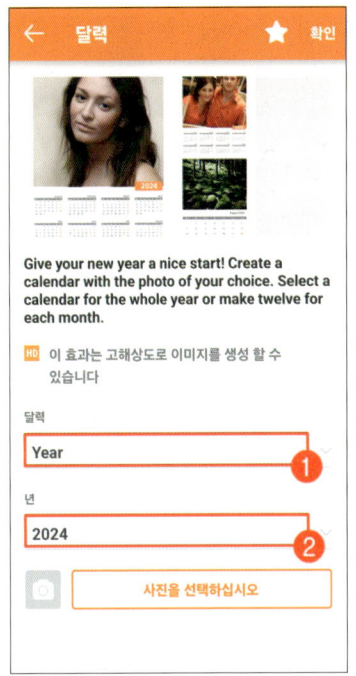 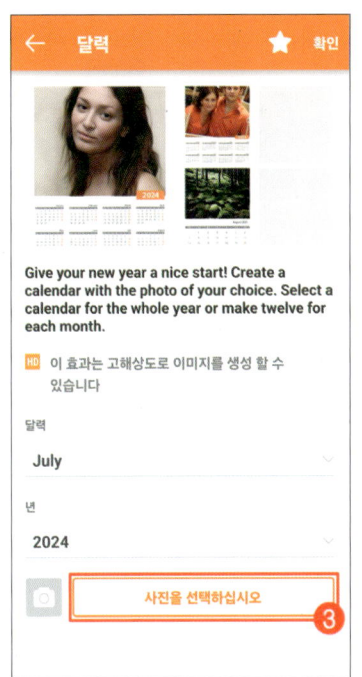 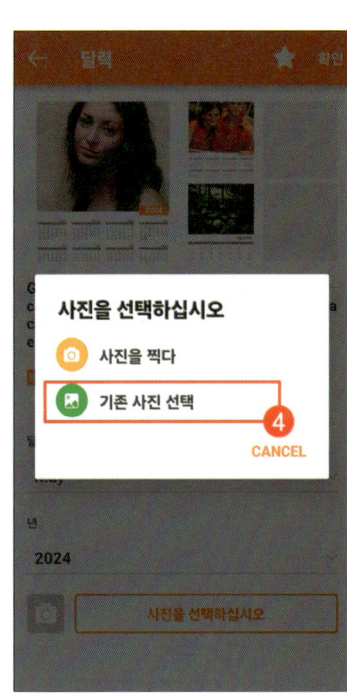

1️⃣ ①을 터치하여 [Year] 또는 각 월 중에서 선택합니다. 예제는 [July]를 선택했습니다. ②를 터치하며 몇 년도 달력을 만들지 선택합니다.(2022년~2024년 중에서 선택) 2️⃣ ③ [사진을 선택하십시오]를 터치합니다. 3️⃣ ④ [사진을 찍다]를 선택하면 지금 촬영을 위해 카메라로 연결됩니다.

1️⃣ [기존 사진 선택]을 선택합니다. 갤러리의 최근 사진이 나타납니다. 최근 사진에 원하는 사진이 없으면 [점 세 개]를 터치합니다. 2️⃣ [찾아보기...]를 터치합니다.
3️⃣ ① [삼선]을 터치하면 갤러리로 연결할 수 있는 사이드 창이 열립니다. ② [갤러리] 아이콘을 눌러 갤러리에서 합성할 사진을 선택합니다. 갤러리 아이콘 부분을 좌우로 스크롤 하면 다른 앱의 파일도 탐색할 수 있습니다.

포토퍼니아

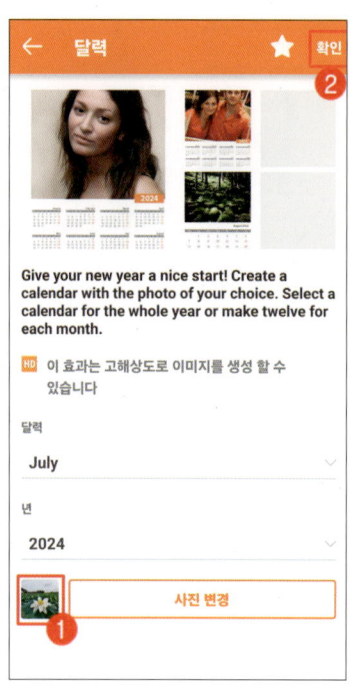

1 ① [회전 아이콘]을 누를때마다 이미지가 시계방향으로 90도씩 회전합니다. ② 이미지의 위치를 조절 후 ③ [확인]을 터치합니다. **2** ① 업로드를 확인하고 ② [확인]을 터치하면 달력이 생성됩니다.
3 ① [중]을 터치하여 합성된 달력 이미지 사이즈를 선택할 수 있습니다. ② 갤러리에 [저장], ③ 카카오톡 등에 [공유]할 수 있습니다.

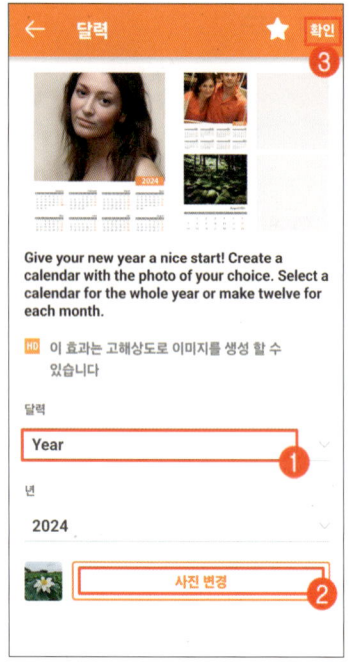

1 상단의 왼쪽화살표를 눌러 이전단계로 옵니다. ①달력을 [Year]로 바꾸고 ② [사진변경]을 눌러 새로운 이미지를 선택한 후 ③ [확인]을 터치합니다. **2** 새로운 달력 이미지가 합성되었습니다. 상단의 [왼쪽화살표]를 눌러 **3** 메인화면에 오면 [즐겨찾기] 메뉴에서 달력이 즐겨찾기에 추가된 것을 확인할 수 있습니다. 상단의 돋보기 모양 아이콘을 누른 후 "스노 글로브"를 검색하여 선택합니다.

1️⃣ ① [사진을 선택하십시오]를 눌러 갤러리에서 사진을 선택합니다. ② [텍스트라인 1]과 ③ [텍스트라인 2]를 입력합니다. ④ 애니메이션 이미지를 생성하려면 왼쪽 이미지를 선택합니다.

2️⃣ 사진 선택, 텍스트 입력, 애니메이션 효과까지 선택했으면 [확인]을 눌러 이미지를 합성합니다.

3️⃣ 지면에서는 움직임을 확인할 수 없지만 정말 실감 나는 움짤이 만들어졌습니다.

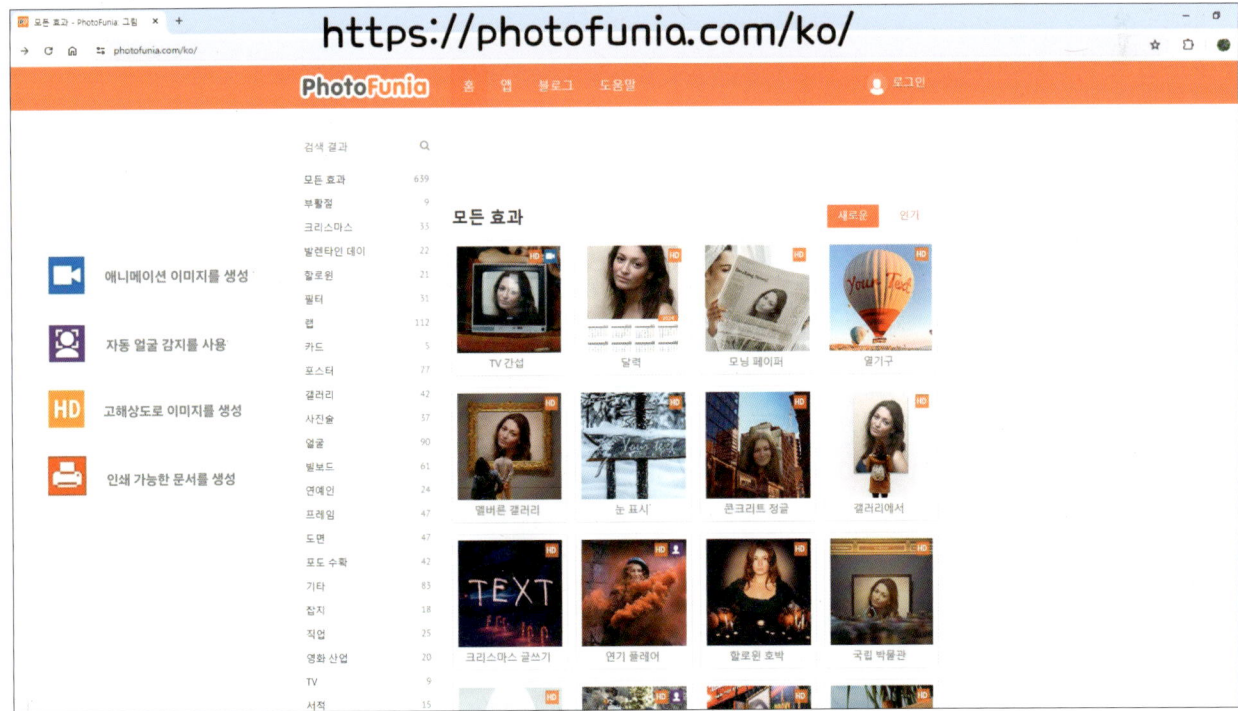

포토퍼니아는 웹에서도 사용 가능합니다. 직관적인 인터페이스로 터치 몇 번이면 간단히 사용할 수 있습니다. 설명드린 것 외에도 다양한 필터와 템플릿이 있으니 창의적인 사진 편집의 세계를 경험해 보세요.

AI 제대로 활용하기

AI 제대로 활용하기

OpenAI
ChatGPT

1 AI 쉽게 이해하기

● **AI란 무엇인가?**

AI(인공지능)는 인간의 학습능력, 추론능력, 지각능력을 모방한 컴퓨터 프로그램입니다. 쉽게 말해, 매우 똑똑한 디지털 비서라고 생각하면 됩니다.

● **인간 능력을 모방하는 방식**

1) 학습능력 (Learning)
- **인간:** 경험을 통해 새로운 지식을 습득하고 기억합니다.
- **AI:** 엄청난 양의 데이터(책, 웹사이트, 논문 등)를 분석하여 패턴과 규칙을 학습합니다.
- **예시:** ChatGPT는 인터넷상의 수많은 텍스트를 학습해서 언어의 패턴을 이해하게 되었습니다.

2) 추론능력 (Reasoning)
- **인간:** 알고 있는 정보를 바탕으로 논리적으로 결론을 도출합니다.
- **AI:** 학습한 데이터를 바탕으로 새로운 상황에서도 합리적인 답변을 만들어냅니다.
- **예시:** "사과는 과일이다 + 과일은 건강에 좋다" → "사과는 건강에 좋다"라는 결론 도출

3) 지각능력 (Perception)
- **인간:** 눈으로 보고, 귀로 듣고, 손으로 만지며 세상을 인식합니다.
- **AI:** 텍스트, 이미지, 음성을 분석하여 정보를 인식하고 이해합니다.
- **예시:** 사진 속 물체 인식, 음성을 텍스트로 변환, 문맥 파악

● **ChatGPT는 어떤 AI인가?**

대화형 AI의 ChatGPT는 특히 대화형 AI(Conversational AI)로, 사람과 자연스럽게 대화할 수 있도록 설계되었습니다. 마치 지식이 풍부한 친구나 선생님과 대화하는 것처럼 편안하게 소통할 수 있습니다.

- **사람처럼 자연스러운 대화**
  - 복잡한 명령어나 프로그래밍 언어가 아닌, 일상 언어로 대화 가능
  - "안녕하세요", "고마워요", "다시 설명해 줘" 같은 자연스러운 표현 이해
  - 이전 대화 내용을 기억하며 맥락을 이어가는 대화 가능

- **주요 역할**
  - **질문 답변:** "서울에서 부산까지 KTX로 얼마나 걸려?"
  - **글쓰기 지원:** "회사 사과문 초안 작성해 줘"
  - **문제 해결:** "이 수학 문제 풀이 과정 설명해 줘"
  - **아이디어 제공:** "새로운 사업 아이템 추천해 줘"
  - **학습 도우미:** "영어 문법 쉽게 설명해 줘"

2 AI 장점과 단점, 유료와 무료 차이

- **ChatGPT의 장점**
  - **가격:** 당연히 월 $0! 부담 없이 AI를 시작
  - **24시간 접근 가능:** 새벽에도 주말에도 언제든지 질문 가능
  - **다양한 분야 지식:** 역사부터 과학, 요리까지 광범위한 지식 보유
  - **개인 맞춤형 대화:** 나의 수준과 관심사에 맞춰 설명 조절
  - **빠른 처리 속도:** 구글 검색보다 빠른 즉시 답변
  - **비용 효율성:** 전문가 한 시간 상담료로 한 달 사용 가능

- **ChatGPT의 단점**
  - **GPT-4o 사용량 제한:** 중요한 순간에 메시지 한도에 도달하면 답답
  - **정보 정확성 한계:** 가끔 그럴듯하게 틀린 답을 할 수 있음 (팩트체크 필요)
  - **최신 정보 부족:** 실시간 뉴스나 최신 트렌드는 모를 수 있음
  - **창의성 한계:** 완전히 새로운 것보다는 기존 것의 조합에 능함
  - **맥락 이해 제한:** 복잡한 상황의 뉘앙스 파악에 어려움
  - **의존성 위험:** 너무 의존하면 스스로 생각하는 능력 감소 우려

AI 제대로 활용하기

● 무료 vs 유료(Plus/Pro) 비교

기능	무료(Free)	플러스(Plus)	프로(Pro)
가격 (월, USD)	$0	$20	$200
주요 모델 접근	GPT-4o mini, 제한적 GPT-4o	GPT-4o 우선, GPT-4.5	GPT-4o, GPT-4.5, 모든 o-시리즈 무제한
GPT-4o 메시지 한도	5시간 내 제한	표준 (예: 3시간당 80개)	무제한
응답 속도	표준	빠름	매우 빠름(최우선)
맞춤형 GPT생성/사용	사용만 가능	생성 및 사용 가능	생성 및 사용 가능
DALL-E 이미지 생성	가능 V	가능 V	가능 V
고급 음성 모드	불가 X	가능 V	가능 V (무제한/고화질)
Sora 영상 생성	불가 X	제한적 (720p, 5초, 50회)	확장됨 (1080p, 20초, 500회 우선)

※ 위 표는 2025년 5월 기준 주요 내용이며, OpenAI 정책에 따라 변경될 수 있습니다.

AI 챗GPT를 제대로 활용하는 실전 프롬프트 작성법

로·고·타·루·톤 구조로 쉽게 배우는 챗GPT 명령어 전략

한가?

에 주는 지시문입니다. 챗GPT처럼 대형 언어 모델(LLM)은 '**프롬프트**'를
의 질이 완전히 달라집니다.

프트 등 연구 결과에 따르면 프롬프트 문장 하나 바꾸는 것만으로도 **정확도**
니다.

로·고·타·루·톤

설명	예시 질문
GPT에게 '너는 누구인가'를 지정	"너는 디지털복지 교육 전문가야."
최종 결과물의 목적 전달	"시니어 대상 교육용 교안을 만들 거야."
구체적인 지시사항	"3단계로 구성된 강의 흐름을 표로 정리해줘."
분량, 형식, 조건	"각 항목은 300자 이내로, 쉬운 말로 써줘."
전달 방식의 분위기	"따뜻하고 친근한 말투로 써줘."
감정 프롬프트 적용 → AI 응답의 집중도 상승	"이건 나한테 정말 매우 중요한 거야. 심호흡하고 차분하게 단계별로 전문가스럽게 작성해줘."

AI 제대로 활용하기

3 과학적으로 검증된 기법과 '로고타루톤'의 결합

☑ ROLE (역할) - AI에게 '정체성'을 부여하라
- GPT는 '너는 지금 누구다'라는 설정을 줄 때 더 정밀한 답변을 합니다.
- **역할을 주지 않은 경우:** "디지털 교육 알려줘"
- **역할을 설정한 경우:** "너는 디지털복지 전문가야. 시니어 눈높이에 맞춰 설명해줘."

☑ GOAL (목표) - 결과의 목적을 분명히 하라
- AI는 목적이 뚜렷할수록 집중된 출력을 제공합니다.
- **예시1)** "블로그 포스팅용 초안이야"
- **예시2)** "강의용 교재로 쓸 거니까 단계별로 정리해줘."

☑ TASK (작업) - 할 일을 명확하게 말하라
- 작업을 구체적으로 지시하면 결과물 품질이 향상됩니다.
- **연구 결과** "Let's think step by step(단계별로 생각해보자)"는 실제 정확도 8% 향상

☑ RULE (규칙) - 형식, 분량, 조건을 알려줘라
- 글자 수, 형식, 금기사항을 넣으면 AI가 지키려 합니다.
- **예시1)** "표 형식으로 정리해줘"
- **예시2)** "전문용어 없이 설명해줘"

☑ TONE (톤) - 어조, 말투를 구체화하라
- GPT는 말투를 조정할 수 있습니다.
- **예시1)** "초등학생이 이해할 수 있도록 쉽게"
- **예시2)** "전문가다운, 친절하고 신뢰감 있게 말해줘"

 예시 프롬프트 완성 예

> 시니어 대상 스마트폰 수업을 위한 강의안을 만들고 싶다면?

너는 디지털 콘텐츠 강사야. **(ROLE)**

60대 이상 시니어를 대상으로 스마트폰 사진 촬영 기초를 가르쳐야 해. **(GOAL)**

3단계 수업 흐름으로 구성된 강의안을 표로 정리해줘. **(TASK)**

각 단계는 쉬운 용어로 구성하고, 500자 이내로 요약해. **(RULE)**

말투는 친절하고, 시니어 눈높이에 맞춰 설명해줘. **(TONE)**

4 실제 효과 : 연구로 증명된 프롬프트 기법들

기법	설명	효과
단계별 사고 유도	"Step by step" 문구 삽입	정답률 +8% 향상
감정 강조 프롬프트	"이건 내 경력에 매우 중요해요"	AI의 집중도 ↑ 정확도 ↑
검토 유도 문장	"정답이 확실한가요? 다시 한번 검토해주세요"	신중한 결과 도출

실전 프롬프트 예시 ①

● **상황 : 시니어 대상 스마트폰 카메라 강의를 준비할 때**

ROLE : 너는 시니어 디지털 교육 전문가야.
GOAL : 60세 이상 시니어를 대상으로 스마트폰 사진 촬영 기초를 가르치려 해.
TASK : 3단계 수업 흐름으로 구성된 강의안을 표로 만들어줘.
RULE : 각 단계는 300자 이내로 요약하고, 초등학생도 이해할 수 있을 만큼 쉽게 써줘.
TONE : 따뜻하고 친절한 말투로 설명해줘.

이건 나한테 정말 매우 중요한 거야.
심호흡하고 차분하게 단계별로 전문가스럽게 작성해줘.

실전 프롬프트 예시 ②

● **상황 : 블로그용 챗GPT 마케팅 콘텐츠를 만들 때**

ROLE : 너는 대한민국 최고의 네이버 블로그 마케팅 전문가야.
GOAL : 블로그 방문자에게 챗GPT 활용법을 매력적으로 소개해서 강의 문의를 유도해야 해.
TASK : C-RANK, D.I.A 로직, 스마트블록 구조를 적용한 마케팅 글을 1,500자 내외로 써줘.
RULE : 전문가다운 어조지만 친근함을 잃지 말고, 첫 문장은 시선을 끌 수 있게 시작해줘.
TONE : 마치 내가 실제로 써본 경험을 바탕으로 쓴 것처럼 자연스럽고 신뢰감 있게 작성해줘.

이건 나한테 정말 매우 중요한 거야.
심호흡하고 차분하게 단계별로 전문가스럽게 작성해줘.

AI 제대로 활용하기

> **실전 프롬프트 예시 ③**
>
> ● **상황 : 강의용 PPT 초안을 만들고 싶을 때**
>
> **ROLE :** 너는 AI 활용 교육 전문 강사야.
> **GOAL :** '디지털복지사 양성과정' 특강을 위한 PPT 초안을 만들려고 해.
> **TASK :** 10페이지 분량의 슬라이드 제목과 각 슬라이드에 들어갈 핵심 내용을 항목별로 정리해줘.
> **RULE :** 각 슬라이드는 제목 1줄, 핵심요점 3줄 이내로 작성하고, 학습자 수준은 디지털 초급자로 가정해.
> **TONE :** 공공기관 교육에서도 사용할 수 있을 만큼 전문적이지만, 누구나 이해하기 쉽게 말해줘.
>
> 이건 나한테 정말 매우 중요한 거야.
> 심호흡하고 차분하게 단계별로 전문가스럽게 작성해줘.

5 감정 프롬프트를 활용하라

- 논문에서 검증된 "EmotionPrompt" 전략
- AI에게 문제의 **중요성이나 감정적 몰입**을 전달하면 **성능이 평균 8% 향상**됩니다.

● 예시 문장들
- "이건 내 경력에 매우 중요한 일이야."
- "이 답이 정말로 정확한지 다시 한 번 검토해줘."
- **"이건 나한테 정말 매우 중요한 거야. 심호흡하고 차분하게 단계별로 전문가스럽게 작성해줘."**

6 예시로 배우는 실전 프롬프트 작성

> ● **예시 ① 시니어 교육용 스마트폰 강의안 작성**
>
> **ROLE :** 너는 시니어 디지털 교육 전문가야.
> **GOAL :** 60세 이상 시니어에게 스마트폰 사진 촬영 기초를 가르칠 강의안을 만들고 싶어.
> **TASK :** 수업 내용을 3단계로 나눠 표로 정리해줘.
> **RULE :** 각 단계는 300자 이내로, 쉬운 말로 설명하고 초등학생도 이해할 수 있도록 작성해줘.
> **TONE :** 따뜻하고 친근한 말투로 말해줘.
>
> 이건 나한테 정말 매우 중요한 거야.
> 심호흡하고 차분하게 단계별로 전문가스럽게 작성해줘.

● 예시 ② 강의 섭외 유도를 위한 블로그 글 작성

ROLE : 너는 대한민국 최고의 블로그 마케팅 전문가야.
GOAL : AI 강의 의뢰를 유도할 수 있는 포스팅을 작성하려고 해.
TASK : C-RANK, D.I.A 로직, 스마트블록 구조를 반영해 글을 1,500자 이내로 써줘.
RULE : 전문가다운 어조지만 너무 딱딱하지 않게, 첫 문장은 시선을 끌 수 있게 써줘.
TONE : 내가 실제로 강의해본 경험처럼 자연스럽고 신뢰감 있게 써줘.

이건 나한테 정말 매우 중요한 거야.
심호흡하고 차분하게 단계별로 전문가스럽게 작성해줘.

● 예시 ③ 강의 섭외 유도를 위한 블로그 글 작성

ROLE : 너는 AI 활용 교육 전문 강사야.
GOAL : 디지털복지사 자격과정 특강용 PPT를 만들고 싶어.
TASK : 총 10장의 슬라이드 제목과 각 슬라이드 핵심 요점을 항목별로 정리해줘.
RULE : 각 슬라이드는 제목 1줄, 핵심내용 3줄 이내로 작성하고, 학습자는 디지털 초급자로 가정해.
TONE : 전문적이면서도 쉽게 이해되도록 설명해줘.

이건 나한테 정말 매우 중요한 거야.
심호흡하고 차분하게 단계별로 전문가스럽게 작성해줘.

7 결론 : 질문이 곧 실력이다

- AI를 잘 쓰고 싶다면, 프롬프트를 구조화하라.
- **"로·고·타·루·톤"은 누구나 쉽게 따라할 수 있는 질문 전략**입니다.
- 디지털 콘텐츠 시대, 프롬프트는 새로운 문해력이고, AI와의 협업 능력은 미래 교육자와 리더의 핵심 역량입니다.

AI 제대로 활용하기

● AI 챗GPT 고급음성 시작하기

ChatGPT 음성 모드는 모바일과 데스크탑에서 제공되며, [표준 음성]과 [고급 음성]으로 나뉩니다. 표준 음성은 모든 로그인 사용자에게 제공됩니다. 고급 음성은 Plus, Project, Team 사용자에게 제공되며, GPT-4o 기술을 기반으로 음성 간 직접 소통하고, 비디오·화면 공유·이미지 업로드를 지원합니다. 고급 음성의 일일 사용 시간은 약 45분~60분이며, 제한 종료 15분 전에 알림을 받은 후 표준 음성 모드로 전환됩니다. 무료 사용자는 매일 짧은 시간(약 3~15분) 고급 음성 모드를 미리 경험할 수 있습니다.

● 주요 기능
- 실시간 음성 대화가 가능하며, 텍스트 입력 없이 말로만 소통할 수 있습니다.
- 자연스러운 대화 흐름을 지원하며, 사용자가 말하는 도중에도 반응할 수 있습니다.
- 다양한 음성 톤과 감정 표현이 가능합니다.
- 여러 언어를 지원합니다.

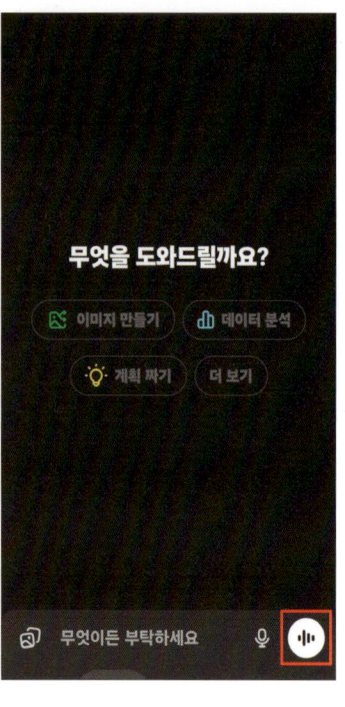 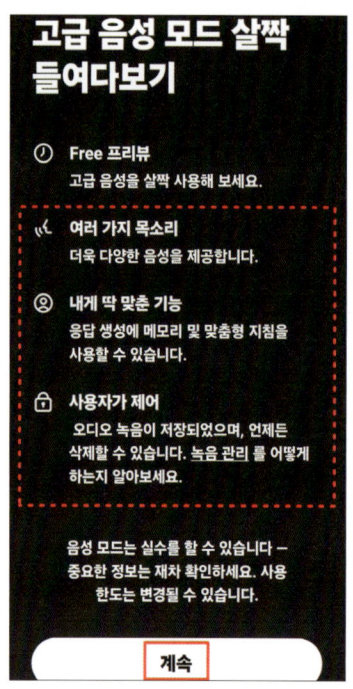 

1 화면 우측에 있는 음성 아이콘이 [음성 모드]입니다. 음성 모드 설치 후 음성 아이콘을 터치합니다.
2 고급 음성 모드 살짝 들여다 보기가 화면에 보입니다. [여러 가지 목소리]는 사용자가 다양한 음성 옵션 중에서 선택할 수 있음을 의미합니다. ② [내게 딱 맞춘 기능]은 사용자가 원하는 어투나 톤 등을 설정할 수 있습니다. [사용자 제어]는 대화한 내용이 자동으로 오디오로 저장되며, 재생 및 삭제가 가능합니다. 다음 실행을 위해 [계속]을 터치합니다. 3 버튼을 좌우로 움직여 원하는 음성을 선택하고 [완료]를 터치합니다.

1️⃣ 중앙에 동그라미 모양 [음성 시각화]가 활성화되면 대화가 실행 중입니다. 왼쪽 하단에 [카메라]를 터치하면 화면에 보이는 영상으로 대화를 할 수 있습니다. 책 내용을 알려줘! 2️⃣ [마이크] 아이콘은 음성을 끄거나 켤 수 있습니다. 3️⃣ 대화를 중지합니다.

  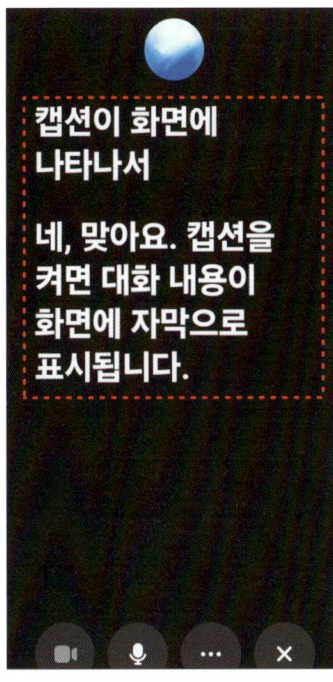

1️⃣ 우측 하단 음성 모드 아이콘을 터치 합니다.
2️⃣ ① 점 [점 3개]를 터치 합니다. ② [캡션 보이기]를 터치합니다. 3️⃣ 캡션 화면이 나타나서 대화내용이 화면에 자막으로 표시됩니다.

AI 제대로 활용하기

 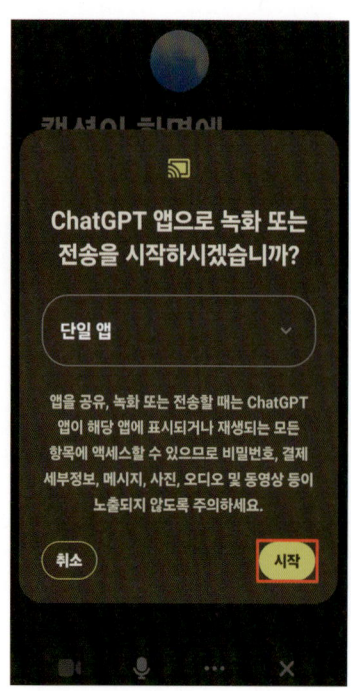 

1️⃣ ① 고급 음성 모드 활성화 화면에서 [점 3개]를 터치합니다.　② [화면공유]를 터치합니다.
2️⃣ 화면 공유를 하기 위해 [시작]을 터치합니다. 3️⃣ 원하는 [앱]을 터치하여 전송합니다.

※ 점 3개를 터치 후 사진 업로드, 사진 촬영을 할 수 있습니다.

  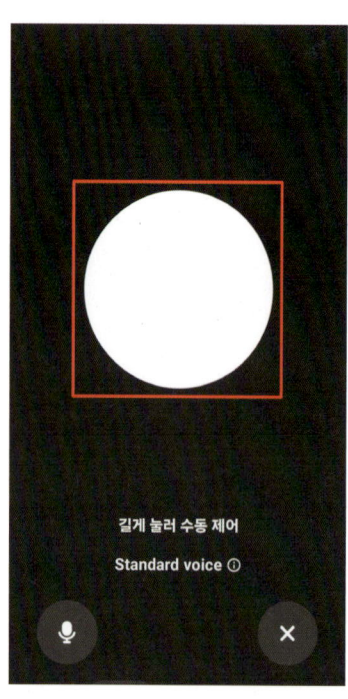

1️⃣ 고급 음성 모드는 유료 사용자에게 오픈되며, Plus 사용자의 경우 [하루에 45분] 사용할 수 있습니다. 사용 가능 시간이 15분 남았을 때 줄어드는 시간을 화면에서 확인할 수 있습니다. [일간 한도 도달]을 터치합니다. 2️⃣ [표준 음성으로 전환]을 터치합니다. 3️⃣ 표준 음성 모드로 전환된 것을 볼 수 있습니다.

※ 음성 시각화 파란색이 [흰색]으로 보이고, 영상 아이콘과 점 3개(더보기) 아이콘은 보이지 않습니다.

 Google **Gemini** (제미나이)

1 Gemini 설치하기

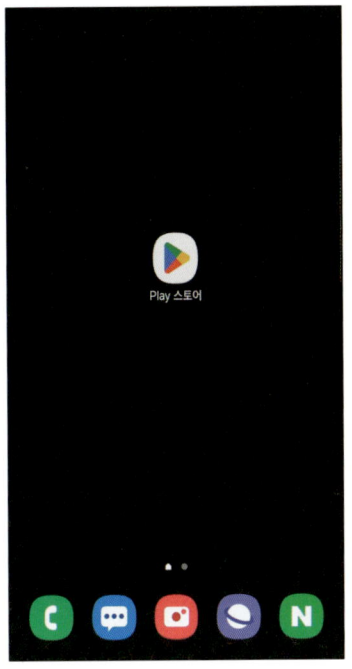  

1 [구글 Play스토어]를 터치합니다. 2 검색창에 ① [제미나이]를 입력합니다. ② [Google Gemini]를 설치합니다. 3 Google Gemini 실행을 위해 [열기]를 터치합니다.

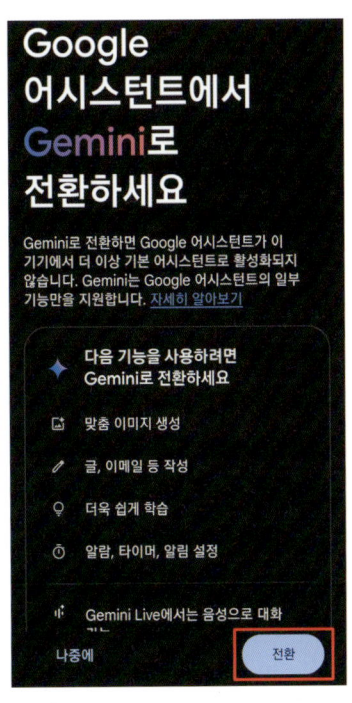  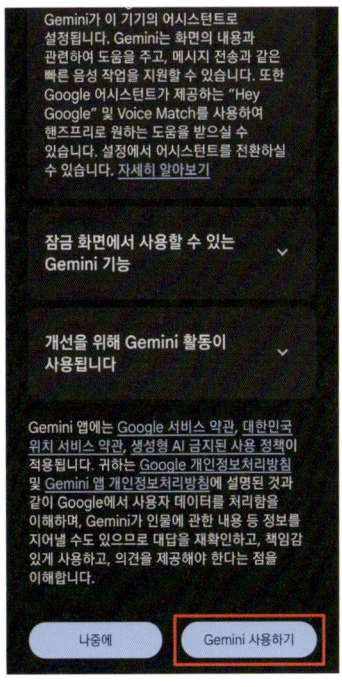

1 기존에 Google 어시스턴트를 사용하고 있었다면, Gemini로 전환해야 합니다. [전환]을 터치합니다.
2 [더보기]를 터치해서 Gemini의 주요 기능에 대한 정보를 확인합니다. 3 [Gemini 사용하기]를 터치해서 Gemini 앱을 오픈합니다.

AI 제대로 활용하기

2 Gemini 설정하기

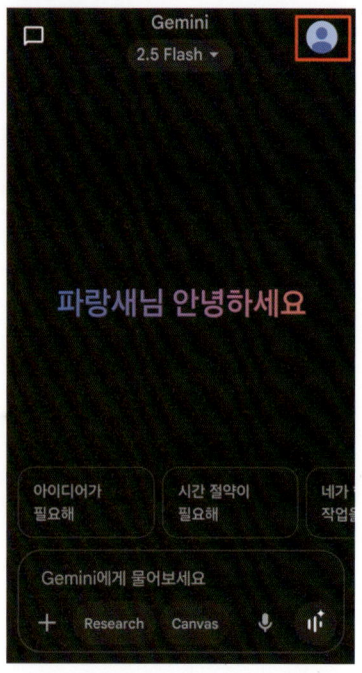  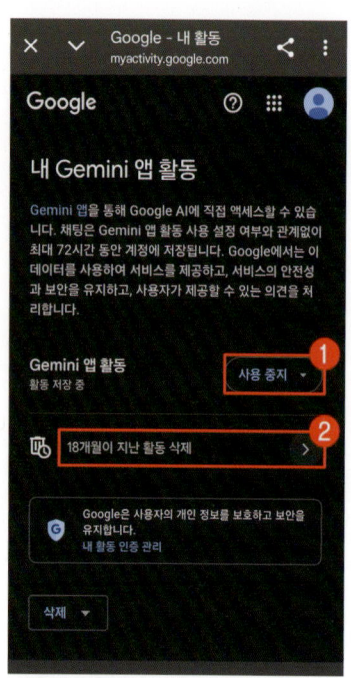

1 [프로필 사진]을 터치하여, 설정 페이지로 들어갑니다. 2 [Gemini 앱 활동]을 터치합니다.
3 ① [사용 중지]를 터치하여 [사용]으로 변경하면, Gemini와의 대화 기록이나 활동 기록이 저장되지 않습니다. ② Gemini [활동 기록의 자동 삭제 기간]도 변경할 수 있습니다.

  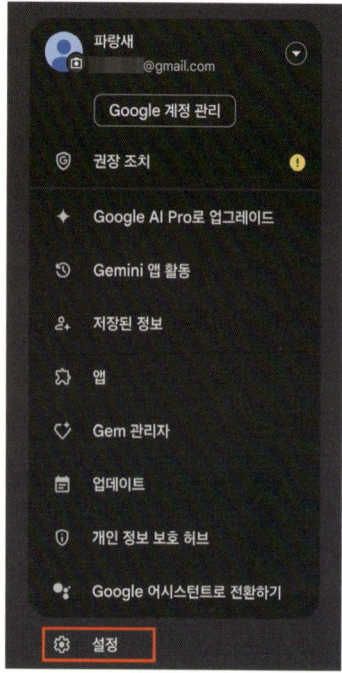

1 [앱]을 터치하면, 다양한 구글 서비스와 연동을 설정할 수 있습니다. 2 Gmail, 구글 캘린더, 구글 지도, 구글 항공편, 구글 호텔 등 원하는 [구글 서비스]를 활성화하면, Gemini가 개인화된 응답을 제공합니다.
3 [설정]을 터치하면, Gemini의 음성과 언어를 변경할 수 있습니다.

3 카메라 사용 / 문자로 질문하기

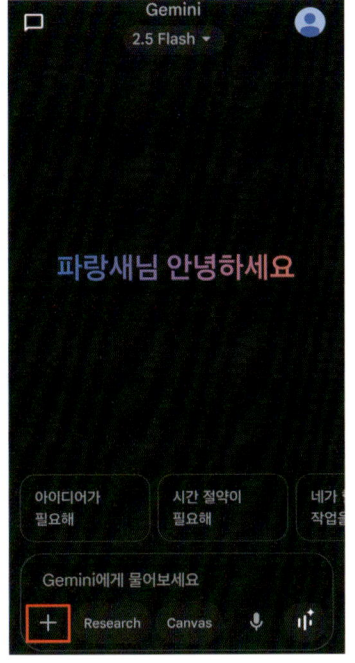  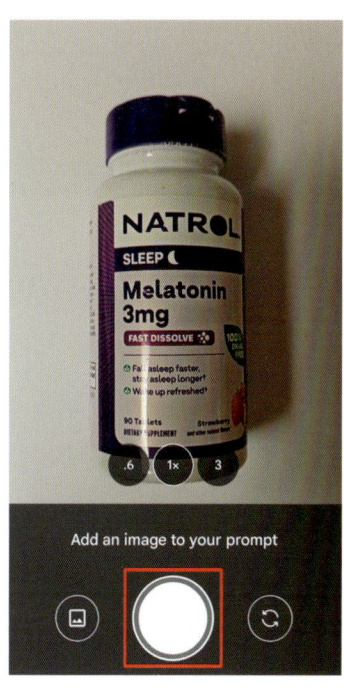

1️⃣ [+]을 터치하면, 갤러리나 스마트폰, 구글 Drive에서 필요한 자료를 첨부하여 Gemini에 질문할 수 있습니다. 2️⃣ 직접 사진을 찍어서 질문하려면, [카메라]를 터치합니다. 3️⃣ [촬영] 버튼을 터치합니다.

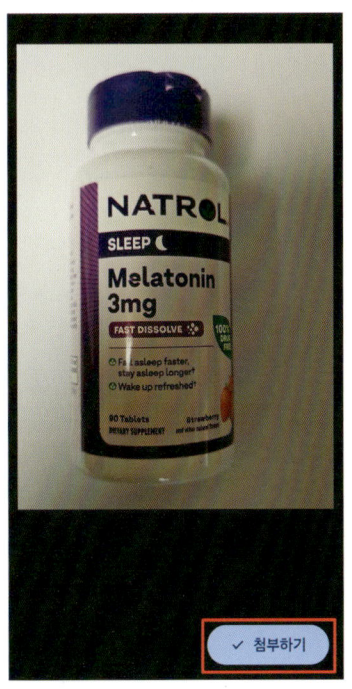  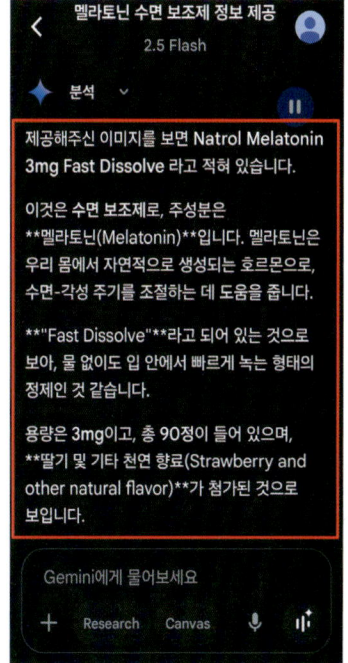

1️⃣ [첨부하기]를 터치하여 사진을 첨부합니다. 2️⃣ ① [질문]을 적은 후, ② [종이비행기] 모양을 터치합니다. 3️⃣ Gemini의 답변을 아래로 스크롤 하여 확인합니다.

AI 제대로 활용하기

4 갤러리 사진/음성으로 질문하기

1 [갤러리]를 터치합니다. 2 원하는 사진을 첨부하고, [마이크]를 터치합니다.
3 음성으로 원하는 요청을 내리면, Gemini가 요청을 수행합니다.

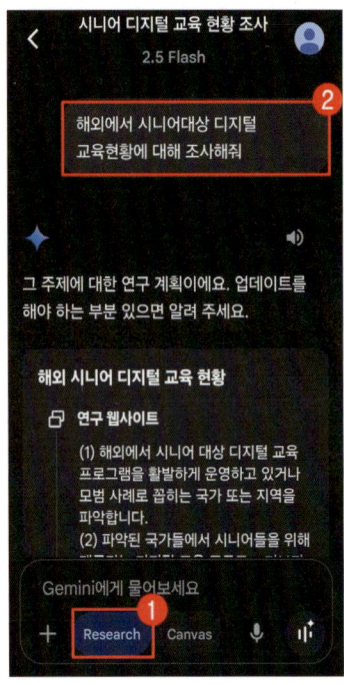 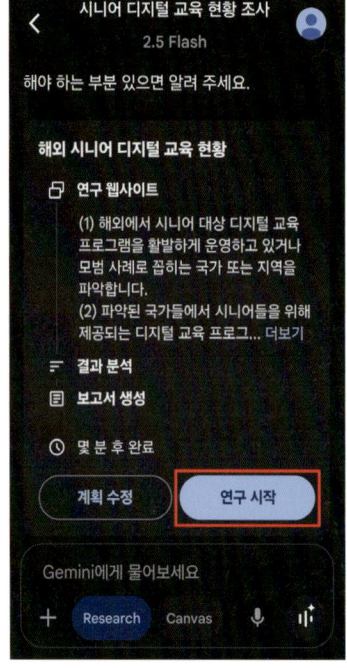 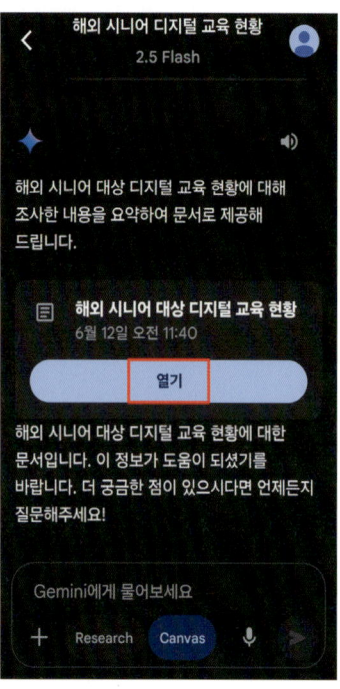

1 ① [Research]를 터치하고, ② 조사하고 싶은 연구주제를 입력합니다. 2 Gemini가 수립한 연구 계획을 검토한 후, [연구 시작]을 터치합니다. 3 Gemini가 해당 주제에 대한 연구 보고서를 완성하면 [열기]를 터치하여, 보고서를 확인합니다.

5 라이브로 Gemini와 대화하기

  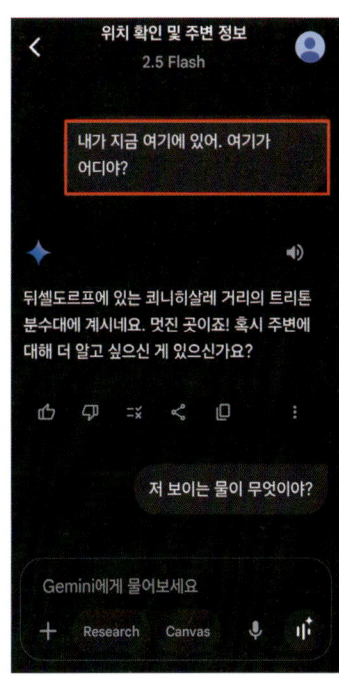

1 첫 화면에서 [라이브] 버튼을 터치합니다. 2 맨 왼쪽 하단에 있는 [실시간 라이브]를 터치하고, 스마트폰을 들어 주변 모습을 Gemini에게 보여줍니다.
3 Gemini에게 질문을 하면, 답변을 해줍니다.

  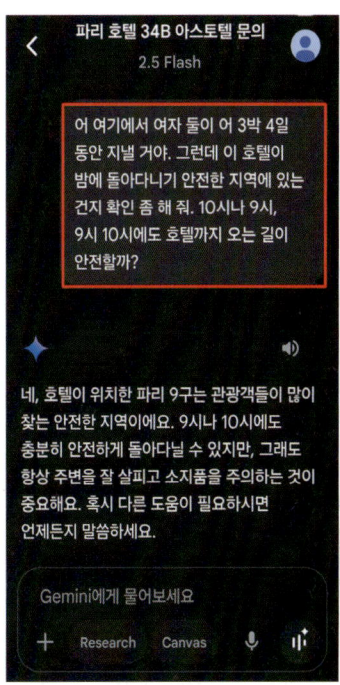

1 라이브 화면에서 [화면공유]를 터치하면, 내 스마트폰 화면을 공유하여 Gemini에게 질문할 수 있습니다.
2 [화면공유]를 한 상태에서, 구글 지도 앱을 열어 호텔을 검색합니다.
3 Gemini에게 이 호텔에 대해 질문을 하면, 답변을 해줍니다.

6 Gems(젬스) 기능 사용하기

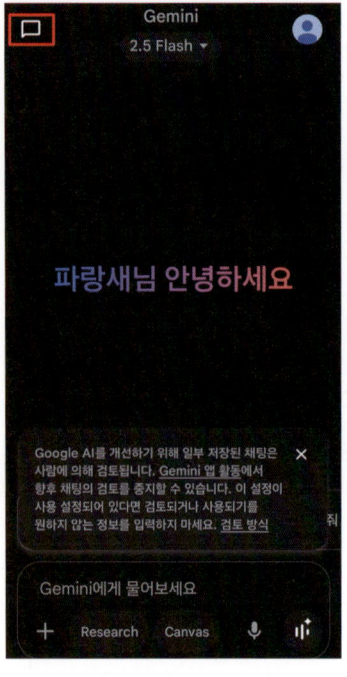 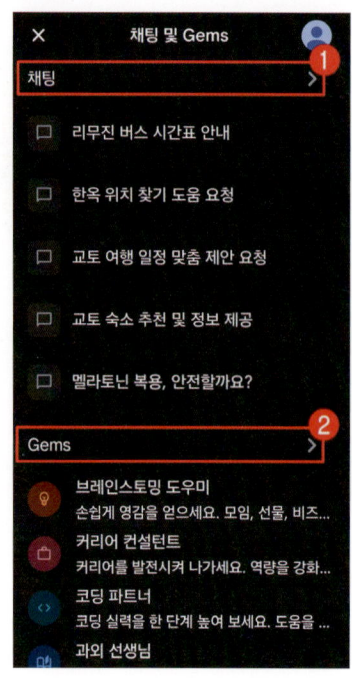 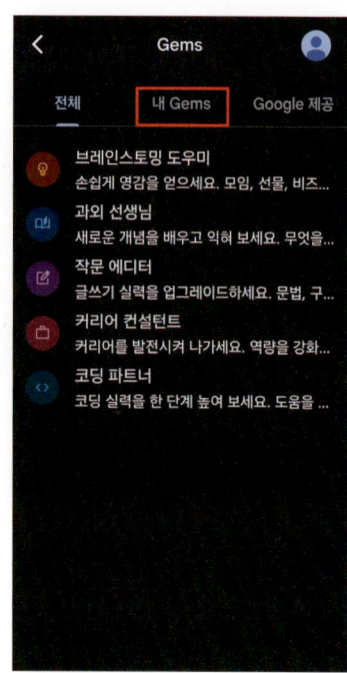

1 첫 화면에서 상단에 있는 [박스] 버튼을 터치합니다. 2 ① [채팅]은 Gemini와의 대화 기록을 의미합니다. ② [Gems]는 특정 주제에 대해 반복적으로 질문하거나 도움을 받고 싶을 때 사용하는 맞춤형 Gemini입니다. 3 [내 Gems]를 터치합니다.

 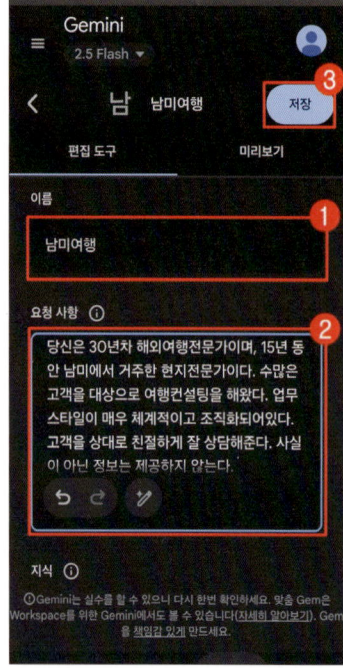 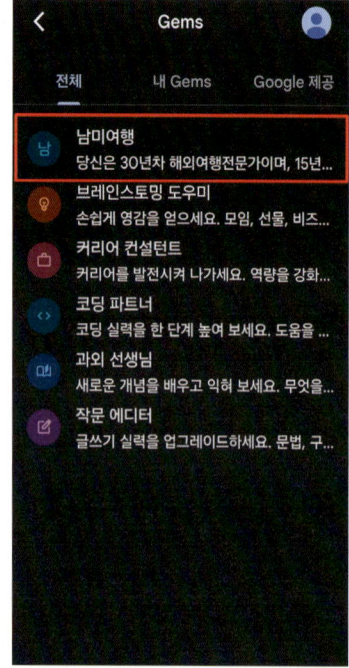

1 [여기]를 터치하여, 새로운 Gem을 만듭니다. 2 새로운 Gem의 ① [이름]과 ② [요청 사항]을 입력하고 ③ [저장]을 누릅니다. 3 원하는 Gem을 선택하여 대화를 시작하고, 필요한 도움을 받습니다.

릴리스(Lilys) - 유튜브 및 사이트 요약하기

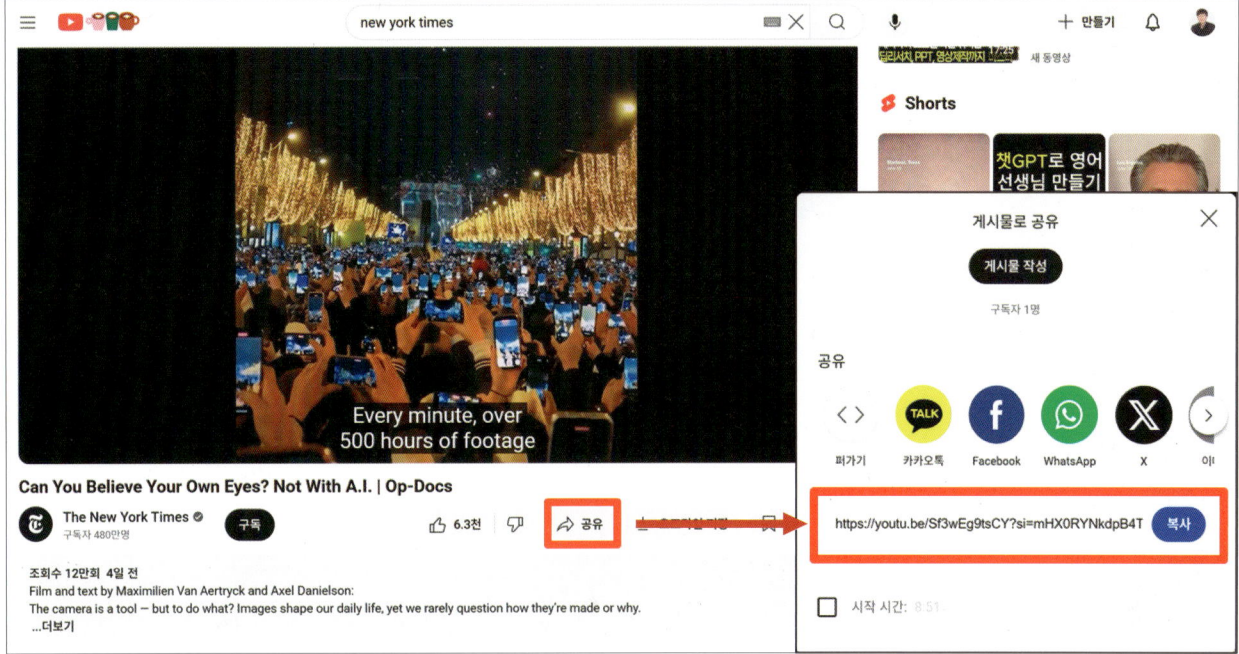

유튜브에서 요약하고 싶은 영상을 선택한 뒤, 영상 아래에 있는 [공유] 버튼을 클릭합니다. 오른쪽에 뜨는 창에서 표시된 링크를 확인하고 [복사] 버튼을 누릅니다. 복사한 링크는 문서나 카카오톡 등에 붙여넣어 쉽게 공유할 수 있습니다.

크롬 브라우저를 열고 [릴리스]를 검색하여 사이트에 접속합니다. ①번 입력창에 유튜브, 블로그, 뉴스 등 요약하고 싶은 링크를 붙여넣습니다. ②번 [업로드] 기능은 비디오, 오디오, 텍스트, PDF, 워드, PPT 같은 파일을 직접 올려서 요약할 수 있게 해줍니다. [실시간 녹음]은 음성 내용을 바로 받아 적고, 그 내용을 자동으로 요약해주는 기능이며, [긴 텍스트] 기능은 글이 길어도 복사해서 붙여넣기만 하면, 그 내용을 핵심만 간단히 정리해줍니다. 모든 준비가 끝났다면 ③번 [요약하기] 버튼을 클릭하면 요약 결과가 제공됩니다.

AI 제대로 활용하기

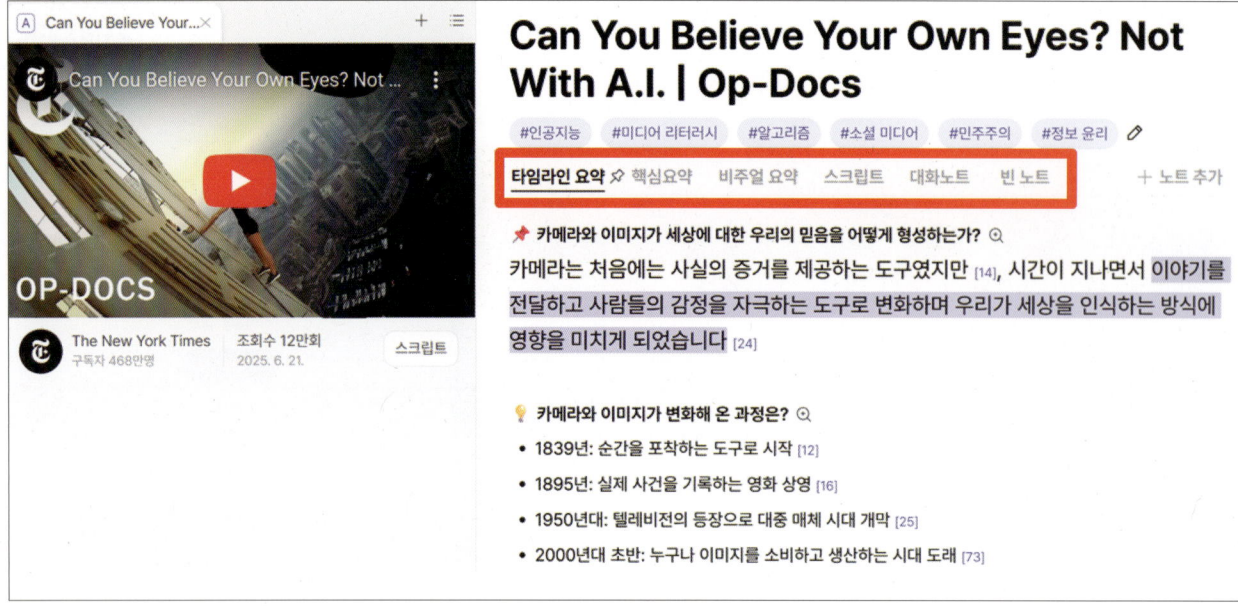

유튜브 영상을 다양한 방식으로 요약해 보여줍니다. 타임라인, 핵심, 비주얼, 스크립트 등 여러 요약 보기 옵션이 있습니다. 각 옵션은 시간순, 주제별, 대화형, 영상 요약 등 다양한 형식으로 내용을 정리해줍니다. 이를 통해 긴 영상을 빠르게 이해하고, 학습이나 정리에 효과적으로 활용할 수 있습니다.

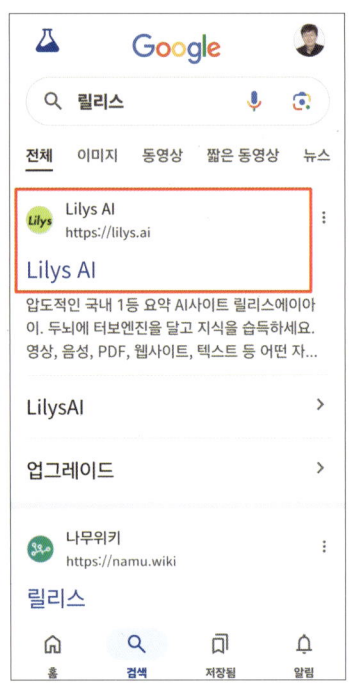  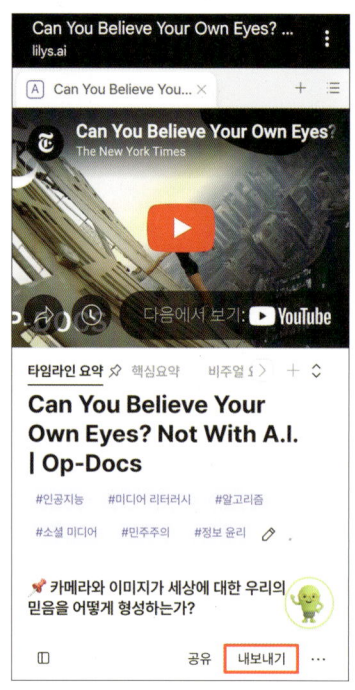

❶ 스마트폰에서 구글 앱이나 크롬 브라우저를 열고 [릴리스]를 검색하여 사이트에 접속합니다. ❷ 릴리스 홈페이지에 들어가면, 가운데 입력창이 보입니다. 여기에 유튜브 영상, 블로그 글, 뉴스 기사 등의 링크를 붙여넣고 오른쪽 [노란색 버튼(→)]을 누릅니다. ❸ 영상의 요약 결과가 아래에 자동으로 표시됩니다. 타임라인 요약, 핵심 요약 등 다양한 방식으로 확인할 수 있으며, [내보내기] 버튼을 눌러 저장하거나 공유할 수 있습니다.

AI 추천 사이트

AI 도구 완벽 가이드 - 당신의 일상을 바꿀 13가지 혁신적인 AI 도구
> AI가 당신의 개인 비서, 연구원, 창작 파트너가 되는 시대가 왔습니다

검색과 연구의 새로운 패러다임

퍼플렉시티 (Perplexity)
"구글을 뛰어넘는 AI 검색의 혁명". 퍼플렉시티는 단순한 검색을 넘어 실시간 정보를 분석하고 종합하는 AI 연구원입니다. 복잡한 질문을 던지면 여러 출처를 종합해 정확한 답변과 함께 신뢰할 수 있는 레퍼런스를 제공합니다.

젠스파크 (Genspark)
"여러 AI의 힘을 하나로 모은 슈퍼 검색엔진". 젠스파크는 GPT, 클로드, 제미나이 등 다양한 AI 모델을 동시에 활용하는 혁신적인 'Mixture-of-Agents' 시스템을 도입했습니다. 하나의 검색으로 여러 AI의 장점을 모두 누릴 수 있어 무료로도 프리미엄 검색 경험을 제공합니다.

대화형 AI - 당신만의 지능형 파트너

클로드 (Claude)
"가장 인간적인 AI 어시스턴트". 클로드는 복잡한 추론과 창작에 특화된 AI로, 긴 문서 분석부터 창의적 글쓰기까지 놀라울 정도로 자연스럽고 정확한 대화를 제공합니다.

구글 제미나이 (Gemini)
"멀티모달의 제왕". 텍스트, 이미지, 음성, 동영상을 모두 이해하는 진정한 멀티모달 AI입니다. 사진을 보여주며 질문하거나, 동영상 내용을 분석하는 등 상상하지 못했던 방식으로 소통할 수 있습니다.

그록 (Grok)
"유머와 개성이 살아있는 AI". 일론 머스크의 xAI가 만든 그록은 위트 있고 직설적인 대화 스타일로 유명합니다. 실시간 X(트위터) 데이터 접근으로 최신 트렌드와 이슈에 가장 빠르게 반응합니다.

코파일럿 (Copilot)
"마이크로소프트의 업무 혁신". 윈도우와 오피스에 완벽하게 통합된 AI로, 일상 업무의 디지털 트랜스포메이션을 실현합니다. 워드, 엑셀, 파워포인트에서의 작업을 혁신적으로 개선합니다.

네이버 클로바X & CUE
"한국어에 최적화된 AI 듀오". 한국어 이해도가 뛰어나고 한국 문화와 정서를 반영한 진정한 K-AI입니다. 네이버 생태계와의 완벽한 연동으로 더욱 편리한 경험을 제공합니다.

AI 추천 사이트

작업 자동화의 미래

마누스 (Manus)
"당신을 위해 일하는 AI 직원". 마누스는 단순한 챗봇이 아닌, 스스로 생각하고 행동하는 범용 AI 에이전트입니다. 복잡한 업무를 스스로 계획하고 도구를 사용해 자동화합니다. "제2의 딥시크"라 불리며 전 세계의 주목을 받고 있습니다.

지식 습득과 학습의 혁신

구글 노트북LM (Google NotebookLM)
"가장 인간적인 AI 어시스턴트". 클로드는 복잡한 추론과 창작에 특화된 AI로, 긴 문서 분석부터 창의적 글쓰기까지 놀라울 정도로 자연스럽고 정확한 대화를 제공합니다.

라이너 (Liner)
"웹 페이지 하이라이트의 진화". 웹서핑하며 중요한 내용을 형광펜으로 표시하듯, AI가 핵심 정보를 자동으로 추출하고 정리해줍니다. 리서치 효율성을 획기적으로 개선합니다.

릴리스 (Lilys)
"요약의 신, 학습의 혁명". 유튜브 영상, PDF, 웹사이트, 음성 등 어떤 자료든 완벽하게 요약하는 국내 1등 요약 AI입니다. 출시 6개월만에 누적사용자 15만명을 달성하며 폭발적 성장을 보이고 있습니다.

개발과 창작의 도구

구글 AI스튜디오 (Google AI Studio)
"AI 개발자를 위한 playground". 구글의 최신 AI 모델들을 무료로 테스트하고 개발할 수 있는 환경입니다. 프롬프트 엔지니어링부터 API 연동까지 AI 개발의 모든 것을 경험할 수 있습니다.

뤼튼 (wrtn)
"한국형 종합 AI 플랫폼". 챗봇, 이미지 생성, 번역, 요약 등을 하나의 플랫폼에서 해결할 수 있는 국산 AI 서비스입니다. 한국어에 특화된 다양한 기능으로 올인원 AI 경험을 제공합니다.

Ai, 지금 시작해야 하는 이유

- **생산성 폭등의 경험**
  반복적인 업무에서 벗어나 창의적인 작업에 집중함으로써 업무 효율이 3~5배까지 증가합니다.

- **미래 경쟁력 확보**
  AI 활용 능력은 필수 역량이 되었으며, 시작 시점에 따라 수십 년의 격차가 생길 수 있습니다.

- **개인 맞춤 AI 생태계 구축**
  상황에 따라 적합한 도구를 선택하고 조합하여 자신만의 AI 워크플로우를 만들 수 있습니다.